Likt en bunt av vass

Varför enhet och ömsesidigt ansvar behövs nu

Dr Michael Laitman

Likt en bunt av vass

Varför enhet och ömsesidigt ansvar behövs nu

Research: Norma Livne, Masha Shayovich, Sarin David, David Melnitchuk, Christiane Reinstrom, Kristian Dawson, David Martino, Ciro Grossi

Översättning: Marianne Johansson

Korrekturläsning: Mikael Folkesson, Stina Lindblad

Redaktörer: Oded Spiegler, Jesse Bogner, Mary Miesem

Omslag: Rony Perry, Inna Smirnova

Redigering och grafisk form: Mikael Folkesson

ISBN 978-1-77228-002-9

Första upplagan: Februari 2015

Innehållsförteckning

Förord: Spöket och Anden

Hur jag kom att skriva denna bok

Jag föddes i augusti 1946 i staden Vitebsk, Vitryssland. Det var den andra sommaren efter andra världskrigets slut, och livet gick trögt, sakta stapplande tillbaka till ett behagligt monotont normaltillstånd. Som det förstfödda barnet till en pappa som var tandläkare och en mamma som var gynekolog hade jag en ganska bekymmerslös barndom, en enkel uppväxt i en förort, obesvärad av de materiella bekymmer som oroade de flesta av mina barndomsvänner.

Ändå följde en skugga genom hela min barndom och även i tonåren. Det var spöket från förintelsen, fantomen som många valde att aldrig nämna trots att den alltid fanns där. Namn på familjemedlemmar eller vänner som omkommit nämndes i en dyster ton som gav dem en besynnerlig närvaro, som om de fortfarande fanns med oss, även om jag visste att det inte var så.

Och ännu märkligare var den avsmak mina ryska kamrater hade för judar. Barn jag växte upp med hatade judar av den enkla anledningen att de var judar. De visste vad som hade hänt med deras judiska grannar drygt ett år tidigare, men de var lika hånfulla och osympatiska som innan kriget, fick jag veta av mina äldste. Det här kunde jag inte förstå. Varför var de så hatiska? Vilka oförlåtliga fel hade judarna någonsin åsamkat dem?

Enligt vad som kunde förväntas av en son med föräldrar inom medicinsk profession, "valde" även jag en sådan yrkeskarriär. Jag studerade medicinsk biocybernetik, en vetenskap som utforskar den mänskliga kroppens system, och jag blev vetenskapsman, forskare vid St Petersburgs blodforskningsinstitut. Och medan jag fantiserade om hur jag strålade av stolthet vid pulpeten i Stockholm, Sverige, som vinnare av Nobelpriset, hade en djupare passion som jag burit på närmat sig ytan av mitt medvetande.

"Jag vill förstå *systemet*", började jag tänka, "veta hur *allting fungerar*". Men mest av allt började jag fundera på *varför* allt var som det var.

Som vetenskapsman i hjärtat, började jag söka efter vetenskapliga svar som kunde förklara *allt*, inte bara hur man räknar ut ett objekts massa eller dess acceleration när det faller, utan vad som fick objektet att existera *till att börja med*.

Eftersom jag inte kunde finna några svar i vetenskapen, beslöt jag mig för att gå vidare. Efter att i två år ha varit en *refusnik* (sovjetisk jude som inte tilläts att emigrera) fick jag slutligen mitt tillstånd och reste till Israel 1974.

I Israel fortsatte jag att söka efter meningen och orsaken bakom allt. Två år efter att jag kommit till Israel började jag studera kabbala. Men det var inte förrän i februari 1979 som jag fann min lärare, Rabash, den förstfödde sonen och efterträdaren till Rav Yehuda Leib HaLevi Ashlag, känd som Baal HaSulam (Stegens mästare) för sin kommentar *Sulam* (stegen) till boken *Zohar*.

Äntligen blev mina böner besvarade! Varje dag, varje timme, uppdagades nya uppenbarelser för mig. Verklighetens pusselbitar föll på plats, den ena efter den andra, och en sammanhängande bild av världen började ta form inför mig, som om själva dimman tog form framför mina förbluffade ögon.

Mitt liv hade förvandlats och jag försjönk i mina studier och i att assistera Rabash på alla sätt jag kunde. Jag var lyckosam nog att kunna försörja min familj på bara några få timmars arbete om dagen och jag gav resten av min tid till att absorbera visdomen så mycket och så djupt jag kunde.

För mig var det som att förverkliga en dröm. Jag hade en underbar familj, jag levde i ett land där jag kände mig fri; jag tjänade enkelt ett bra uppehälle och jag hade funnit svaren på de frågor jag burit med mig hela mitt liv.

En av de efterhängsna frågorna var den om hatet av judar. I kabbala upptäckte jag varför det händer, varför det framhärdar, och viktigast av allt vad som måste göras för att hela det. Antisemitism är verkligen ett sår i mänsklighetens hjärta, ett eko av en oläkt smärta som världen har burit i nästan 4 000 år, sedan Abraham, vår patriark, lämnade Babylon.

Kabbala har lärt mig att Abraham föreslog sitt folk att förenas och att ännu en gång bli som "ett språk och ett tal" (Första Mosebok 11:1), och att kung Nimrod, Babylons härskare på den tiden, förhindrade Abraham från att sprida sin idé. Gradvis kom jag att se att vad världen nu behöver är just den förening, det kamratskap och den ömsesidiga omsorg Abraham utvecklade med sin grupp och sin avkomma, och som kung Nimrod hindrade honom från att förse sina babyloniska bröder och systrar med.

Under en morgonlektion undervisade min lärare, Rabash, mig ur Baal HaSulams *Introduktion till boken Zohar*. I slutet av den skrev Baal HaSulam att om judarna inte förser världen med kunskap och vägledning till enhet, kommer världens nationer att avsky judarna, förödmjuka dem, driva bort dem från landet Israel och plåga dem varhelst de är. Jag hade läst den obegripliga essän tidigare, men den morgonen gjorde den ett djupare intryck på mig. Inifrån kände jag ett nytt skede i min utveckling växa fram.

Senare den dagen begav vi oss till Kfar Saba, en liten stad nära Tel Aviv, till ett *kolel* (judiskt seminarium) namngett efter min värderade mentor. I källaren visade Rabash mig en mellanstor kartong till brädden fylld av handskrivna pappersbitar. Han frågade om jag kunde ta den till bilen och tillbaka till hans hus.

Jag lade kartongen i bakluckan och på vägen tillbaka frågade jag honom vad det var för papper i lådan. Utan vidare ceremonier muttrade han, "några gamla manuskript av Baal HaSulam". Jag såg på honom, men han tittade bara rakt ut på vägen framför och förblev tyst hela vägen tillbaka.

Hela den natten var det tänt i Baruch Ashlags kök. Jag stannade där och läste minutiöst igenom varje pappersbit tills jag hittade en som fick mig att sluta leta. Det var pusselbiten som jag sökt utan att ens veta det. Det var hörnstenen, första steget på den stig jag skulle ta härnäst.

Papperet jag fann, som nu är en del av Baal HaSulams *Den sista generationens skrifter*, berättade en historia om vånda och törst, kärlek och vänskap, befrielse och åtagande. Här är orden jag fann:

"Det finns en allegori om vänner som gått vilse i öknen, hungriga och törstiga. En av dem hade funnit en boplats rikligt fylld med fägnad. Han kom ihåg sina stackars bröder, men han hade redan kommit långt ifrån dem och visste inte var de fanns. Han började ropa högt och blåste i hornet; kanske skulle hans stackars, hungriga vänner höra hans röst och ta sig till den av överflöd fyllda byn.

Åtagandet som ligger framför oss är: tillsammans med hela mänskligheten har vi varit vilse i den hemska öknen och nu har vi funnit en stor skatt i överflöd, nämligen böckerna om kabbala. De uppfyller våra längtande själar och fyller oss rikligt med överflöd och enighet.

Vi är mätta och det finns mer, men minnet av våra vänner, hopplöst lämnade i den fruktansvärda öknen, finns kvar djupt i våra hjärtan. Avståndet mellan oss är stort, och ord kan inte överbrygga det. Av den anledningen har vi tagit fram hornet till att blåsa högljutt så våra bröder kan höra, nalkas oss och bli lika lyckliga som vi.

Vet, våra bröder, vårt kött, att essensen av kabbalans visdom består av kunskapen om hur världen kom ner från sin upphöjda, himmelska plats, till vårt simpla tillstånd [...] Det är därför väldigt enkelt att, i kabbalans visdom, finna all framtida korrigering förutsedd att komma från de perfekta världar som föregår oss. Genom det kommer vi att veta hur vi fortsättningsvis ska korrigera vår väg.

[...] Föreställ dig till exempel att man idag fann en historisk bok som skildrar de sista generationerna tiotusen år från nu, som beskriver uppförandet hos både individer och samhälle. Våra ledare skulle leta efter varje råd om hur man arrangerar livet här i enlighet med detta, och vi skulle nå 'när intet klagorop höres på våra gator'. Korruptionen och det fruktansvärda lidandet skulle upphöra och allt skulle fridfullt falla på plats.

Ärade läsare, nu ligger den här boken i ett skåp framför dig. Den anger uttryckligen hela visdomen om ledarskap och förvaltning av det privata och det offentliga livet vid tidens slut. Det är i böckerna om kabbala som de korrekta orden är nedtecknade. [...] Öppna dessa böcker och du kommer att finna allt det goda uppförande

4

som kommer att träda fram vid tidens slut, och i det kommer du att finna en god
kunskap om hur man hanterar världsliga frågor även i dag.

[...] Jag kan inte längre hålla tillbaka mig själv. Jag har beslutat att påvisa före-
havanden för korrigering av vår bestämda framtid, som jag har funnit genom obser-
vation och genom att läsa i dessa böcker. Jag har beslutat att gå ut till världens folk
med detta horn, och jag tror och uppskattar att det ska räcka att samla alla som
förtjänar att börja studera och gräva djupt i böckerna. Sålunda kommer de att
döma sig själva och hela världen till förtjänstens vågskål".[1]

Ungefär ett år efter att jag fann papperen publicerade jag, med min
lärares hjälp och stöd, mina tre första böcker. Sedan dess har jag
gett ut böcker och även spridit kabbala på många andra sätt.

Dagens verklighet är väldigt kärv, och folk har ofta varken tålamod
eller vilja att läsa böcker som Baal HaSulam föreställde sig. Men
essensen av visdomen, kärleken och föreningen som är verklighet-
ens själva fundament, vilken kabbala ingjuter i sina utövare, kvarstår
lika sann som den alltid varit.

Dessutom har antisemitismen åter ökat, ungefär sedan sekelskiftet,
den här gången över hela världen. Spöket av att hata judar har slagit
rot över hela världen. Den smygande och giftiga spridningen hotar
att hemsöka hela nationer med judefobi, och att upprepa gamla
tiders fasor.

Men nu känner vi till kuren. Närhelst judar förenas gömmer ormen
sitt huvud. Kamratskapet och det ömsesidiga ansvarets anda har
alltid varit vårt "vapen", vår sköld mot motgångar. Nu ska vi upp-
båda den andan, svepa oss med den och låta dess varma helande
omge oss. Och när vi gjort det måste vi dela den andan med resten
av världen, då det är vårt kall – själva essensen av vår existens "ett
ljus för nationerna".

Därför, då vi alla behöver svar på våra innersta frågor, för djupt
inom sig vill alla judar veta vad botemedlet mot antisemitism är, och
för att det är arvet från min lärare och hans stora lärare och fader,
har jag beslutat att vidareförmedla det jag lärt mig av dem. De lärde
mig vad det betyder att vara jude, vad som menas med att vara en-

gagerad och vad som menas med att dela med sig. Men mest av allt lärde de mig vad som menas med att älska som Skaparen.

Introduktion

"Om man tar en bunt av vass, kan man inte bryta dem alla på en gång. Men ett i taget kan även ett spädbarn bryta dem. Likaså kan inte Israel frälsas förrän de alla är en bunt."

(Midrash Tanhuma, Nitzavim, kapitel 1)

Genom det judiska folkets historia, har enhet och ömsesidig omsorg (även känt som ömsesidigt ansvar) blivit vår nations emblem. Oräkneliga vise och andliga ledare har skrivit om betydelsen av dessa två särdrag, hyllat dem som vår nations hjärta och själ, och förklarat att frälsning och sonande endast kan komma genom Israels enhet.

Faktum är att begreppet enhet har blivit så ledande att det har blivit mer framträdande än begreppet hängivenhet till Skaparen och efterlevandet av buden. Ett avsevärt antal judiska andliga ledare och heliga texter har i generationer förespråkat vikten av enhet över allt annat. *Masechet Derech Eretz Zuta,* skriven ungefär vid samma tid som *Talmud,* har ett av många budskap i samma anda: "Även då Israel dyrkar avgudar och det råder fred bland dem, säger Herren; 'Jag har ingen önskan att skada dem.' [...] Men om de träter, vad sägs om dem? 'Deras hjärta är splittrat; nu får de bära skulden.'"[2]

Efter det andra templets förstörelse avtog tillståndet av enhet och broderskap. *Babyloniska Talmud,* bland många andra källor, lär oss att anledningen till att det andra templet förstördes berodde på ogrundat hat och splittringen inom Israel. Källorna förklarar också att ogrundat hat är så skadligt att det motsvarar effekten av de tre stora överträdelser som orsakade det första templets förstörelse: avgudadyrkan, incest och blodspillan. *Masechet Yoma* lär oss tydligt den lektionen: "Det andra templet [...] varför förstördes det? Det berodde på att det fanns ogrundat hat i det, det lär dig att obefogat hat är likvärdigt med alla tre överträdelser – avgudadyrkan, incest och blodspillan – tillsammans".[3]

Uppenbarligen finns inte enhet, broderskap och ömsesidig omsorg enbart i vår nations DNA, de är substansen i själva livlinan, som när vi hade den besparade oss lidande och tillät lidande att utvecklas när vi inte hade den. I dessa prövotider av utvidgad självrättfärdighet och narcissism, behöver vi enhet mer än någonsin, ändå verkar det mer oåtkomligt än någonsin i historien.

För ungefär trettiofyra århundraden sedan, vid foten av Sinai, stod vi som en man med ett hjärta, och på grund av det blev vi en nation. Sedan dess har enhet följt oss genom regn och solsken, som den berömde predikanten och författaren Rabbi Kalonymus Kalman Halevi Epstein beskriver det i sitt hyllade litterära verk, *Maor va Shemesh* (Ljus och Sol):

"Även om Ahabs generation var avgudadyrkare, krigade de och segrade på grund av att det fanns enhet mellan dem. Det är ännu mer så när det finns enhet i Israel och de engagerar sig i Toran för Hennes skull [...] Genom det kuvar de alla som är emot dem, och allt som kommer ur deras mun, Herren beviljar deras önskan".[4]

Genom att följa Moses kom vi till Kanaan, erövrade det, gjorde det till landet Israel och blev sedan landsförvisade igen, denna gång till Babel. När Mordechai förenat oss i Babel återvände vi, knappt två av de ursprungliga tolv stammarna, och upprättade det andra templet. Så länge vi behöll vår enighet bevarade vi också vår suveränitet och templet. Men när vi frångick broderlig kärlek, blev vi övermannade av fienden och förvisades för århundraden framåt.

Men ändå förhindrade splittringen och det ogrundade hatet, som orsakade det andra templets förstörelse och förvisandet av folket från sitt land, inte vår utveckling under exilen. Genom största delen av de två senaste årtusendena, höll vi oss för oss själva och var någorlunda separerade från det kulturella livet i nationerna där vi vistades.

Men ungefär sedan upplysningen har vi gradvis antagit en kultur som hyllar personlig åtskillnad och individuell prestation och tolererar att svaga och behövande utnyttjas. Under de senaste årtiondena har vi blivit så duktiga på kulturen av egenintresse och självhävdelse att vi som samhälle blivit raka motsatsen till den humana omhändertagande gemenskap vi värnade om vid uppkomsten av vår nation.

I dagens värld råder en ton och atmosfär av självrättfärdighet och egoism på gränsen till narcissism. I sin insiktsfulla bok; *The Narcissism Epidemic: Living in the Age of Entitlement*, beskriver psykologerna Jean M Twenge och Keith Campbell vad de kallar "narcissismens obevekliga stegring i vår kultur"[5] och de problem det orsakar. De förklarar att "de Förenta Staterna för närvarande lider av en epidemi av narcissism [...] narcissistiska personlighetsdrag har ökat lika snabbt som fetma".

Ännu värre är, fortsätter de, att "Ökningen av narcissismen accelererar, med poängtal som stiger snabbare under 2000-talet än under tidigare decennier. Under 2006 höll en av fyra collegestudenter med om majoriteten punkter i ett standardformulär för narcissistiska drag".[6]

Och majoriteten av oss judar, stamfäderna till grundsatsen "Älska din nästa såsom dig själv", sitter inte bara och tittar på när egoismen firar utan deltar också i festen, många av oss till och med som ledare av flocken, och roffar åt oss där vi kan. Med spektakulär entusiasm har vi anammat regeln "När du är i Rom, gör som romarna", och genom det har många judars namn blivit synonymt med välstånd och makt. Det råder ingen tvekan om att vi inte eftersträvar välstånd och makt för att visa upp vårt arv som överlägset andras. Likväl, när judar vinner ryktbarhet för de två ovanstående kännetecknen, uppmärksammas de inte bara för sina affärer utan även för sitt arv.

Hur orättvist det än kan verka ser man inte på samma sätt på judar och den judiska staten som på andra länder och nationer. De behandlas som speciella, både positivt och negativt.

Men det finns en god anledning till att det är på det viset. När Abraham upptäckte den enda kraften som leder världen, den vi hänvisar till som "Skaparen", "Gud", *"Ha Shem"*, *"HaVaYaH" (Yod-Hey-Vav-Hey*, "Herren"), var hans önskan att berätta om det för hela världen. Som en babylonier med hög social och andlig status, son till en som tillverkade avgudabilder och statyer, hade han en position från vilken han kunde nå ut. Det var först när kung Nimrod försökte döda honom och senare utvisade honom från Babylon som han reste någon annanstans och så småningom kom till Kanaan.

Rav Moshe Ben Maimon (Maimonides) beskriver hur han längs hela vägen fortsatte att leta efter själsfränder med vilka han kunde dela sin upptäckt:

> *"Han började ropa ut till hela världen, för att bereda dem på att det finns en Gud för hela världen [...] Han ropade ut, vandrade från stad till stad och från rike till rike, tills han kom till Kanaans land [...] Och eftersom de [folk från de platser där han vandrade] samlades runt honom och frågade honom om hans ord, så undervisade han alla [...] tills han tog dem tillbaka till sanningens väg. Slutligen samlades tusentals och tiotusentals omkring honom och de är folket av 'Abrahams hus'. Han planterade denna grundsats i deras hjärtan, författade böcker om det och undervisade sin son Isak. Och Isak satt och undervisade, varnade och informerade Jakob och utsåg honom till lärare för att sitta och lära ut [...] Och Jakob, patriarken, undervisade alla sina söner, tog Levi åt sidan och utnämnde honom till överhuvud och fick honom att sitta och lära sig Guds väg".[7]*

Från Jakob och framåt, som det berättas i den kända sammansättningen *Kozari*, var det så att "Gudomligheten avslöjas i en församling, och sedan dess har vi beräkningen med vilken vi räknar våra förfäders år, enligt det som gavs till oss i Mose lag [Toran], och vi vet vad som utvecklats från Moses till denna dag".[8]

Sålunda blev enhet en förutsättning för att uppnå varseblivning av Gud, eller Skaparen – som kabbalister ofta kallar denna kraft (av skäl som vi inte närmare går in på här, då det är utanför ramen för denna bok). Utan enhet var insikt helt enkelt omöjlig. De som kunde förenas blev Israels folk och uppnådde Skaparen, den enda kraften som skapar, styr och leder hela verkligheten. De som inte klarade detta förblev utan sådan varseblivning, men ändå med en känsla att israeliterna visste något de själva inte gjorde, och hade något som tillhörde även dem, men som de inte kunde få.

Det här är roten till hatet mot Israel, som senare blev antisemitism. Det är en känsla av att judarna har något som de inte delar med världen, vilket de måste.

Judarna måste verkligen dela det med världen. Liksom Abraham försökte dela sin upptäckt med alla sina babyloniska följeslagare, måste judarna, hans ättlingar, göra samma sak. Det här är innebörden av att vara "ett ljus för nationerna". Det här är den skyldighet som den store rav Kook, den förste chefsrabbinen i Israel, hänvisade till i sin uttrycksfulla, poetiska författarstil när han skrev:

"Den israeliska själens sanna rörelse i sitt vackraste tillstånd uttrycks enbart av dess heliga, eviga kraft som flödar i dess anda. Det är det som gjort den, som gör den och som kommer att göra den till en nation som fortfarande är som ett ljus för nationerna, som sonande och frälsning för hela världen, för sitt eget specifika ändamål och för de globala ändamålen, vilka är sammanlänkade".[9]

Detta åtagande är också det som Rav Yehuda Leib Arie Altar hänvisade till med sina ord; "Israels barn är garanter i det att de mottagit Toran för att korrigera hela världen, även nationerna".[10]

Och vad exakt är det vi åtagit oss att vidareförmedla till nationerna? Det är enhet, genom vilken man upptäcker livets unika, enda skapande kraft, Herren eller Gud. Rabbi Shmuel Bornstein, författare till *Shem MiShmuel* [Ett namn ur Samuel] skriver, "Målet med skapelsen är att alla ska bli en sammanslutning [...] Men på grund av synden blev ämnet så förstört att även de bästa i de generationerna var oförmögna att förenas för att tjäna Herren, utom några få, ensamma".[11]

Av denna anledning, fortsätter rabbi Bornstein, förenades bara de som kunde, medan övriga skildes från dem tills de kunde ansluta sig till enheten. Med hans egna ord:

"Korrigeringen började med att man samlades och skapade en sammanslutning av människor för att tjäna Skaparen, med början hos Abraham patriarken och hans ättlingar, så att de skulle vara en sammanhållande gemenskap för Guds arbete.

11

Hans [Skaparens] tanke med att separera människor var att Han först orsakade separation i den mänskliga rasen, vid tiden för Babylon, och alla ogärningsmän skingrades [...] Därefter började samlingen för att tjäna Skaparen, medan Abraham pariarken begav sig och i Herrens namn kallade tills en stor grupp samlades med honom, vilka kallades 'Folket av Abrahams hus'. Den fortsatte att växa tills den blev sammansättningen av Israels församling [...] och slutet av korrigeringen kommer i framtiden, när alla blir sammanslutna i syfte att helhjärtat följa Din vilja".[12]

Med tanke på nuvarande globala omständigheter, förefaller det angeläget att alla känner till begreppet enhet som ett medel att uppnå Skaparen. När alla känner till och accepterar den grundsatsen, kommer fred och broderskap naturligt att råda.

I själva verket har behovet av att känna Skaparen, enligt den kände kabbalisten Rav Yehuda Ashlag, känd som Baal HaSulam [Stegens mästare] för sin *Sulam-* [Stege-] kommentar till boken *Zohar*, varit angeläget i nästan ett sekel nu. I *Fred i världen*, en essä daterad till tidigt trettiotal, förklarar Baal HaSulam att på grund av att vi alla är beroende av varandra, måste vi tillämpa lagarna av ömsesidig omsorg i hela världen. Medan termen 'globalisering' inte var allmänt förekommande i avhandlingar från hans tid, illustrerar hans ord tydligt hans skriande behov av att göra världen till en enda solid enhet.

Här är Baal HaSulams beskrivning av globalisering och ömsesidigt beroende:

"Bli inte förvånad om jag rör ihop ett visst kollektivs välbefinnande med hela världens välbefinnande, eftersom vi faktiskt redan har nått en sådan grad att hela världen anses vara ett kollektiv och ett samhälle. Det vill säga att varje människa i världen drar sin livsmärg och sitt levebröd från alla människor i världen, därmed är man tvingad att tjäna och ansvara för hela världens välmående.

[...] Därför är det otänkbart att skapa goda, lyckliga och fredliga förehavanden i ett land om det inte sker i alla länder i världen, och vice versa. I vår tid är alla länder sammanlänkade när det gäller att se till de grundläggande behoven, liksom individer längre tillbaka i tiden var till sina familjer. Därför kan vi inte längre tala eller agera på sätt som bara garanterar välbefinnande i ett land eller för ett folk,

utan bara välbefinnande i hela världen därför att varje persons nytta eller skada i världen beror på och mäts genom nyttan eller skadan personen gör för alla människor i världen".[13]

Men för att världen ska uppnå den nivån av enhet, den ömsesidiga omsorgen, behövs en förebild, en grupp eller ett kollektiv som kan förverkliga enheten, uppnå Skaparen, och genom personliga exempel bana väg för resten av mänskligheten. På grund av att vi judar redan hade varit vid den punkten, och världen undermedvetet känner det, är det vår skyldighet att återuppväcka den broderliga kärleken mellan oss, uppnå den enda kraften och föra vidare både metoden av förening och uppnåendet av Skaparen till resten av världen. Det här är judarnas regel: att föra Skaparens ljus till världen, att vara ett ljus för nationerna.

I *Kärleken till Gud och kärleken till människan* beskriver Baal HaSulam tydligt *modus operandi*:

"Den israeliska nationen har etablerats som en övergång. I samma grad som Israel själv renas genom att hålla Toran [lagen (om enhet), som vi i introduktionen sa var en förutsättning för att uppnå Skaparen], vidarebefordrar de sin kraft till övriga nationer. Och när även resten av nationerna dömer sig själva till förtjänstens vågskål [att förenas och uppnå Skaparen], kommer Messias [kraften som drar oss ut ur egoismen] att uppenbaras".[14]

Rav Yehuda Altar beskriver på liknande sätt judarnas roll i beaktande av resten av nationerna:

"Det förefaller som om Israels barn, mottagarna av Toran, är låntagarna och inte garanterna, förutom att Israels barn blev ansvariga för korrigeringen av hela världen genom kraften i Toran. Det är anledningen till att det sades till dem: 'Och ni kommer att vara för mig ett rike av präster och ett heligt folk.' [...] Och på det svarade de: 'Det som Herren sagt, skall vi göra' – korrigera hela skapelsen. [...] I sanning, allt beror på Israels barn. Till den grad de korrigerar sig själva, följer hela skapelsen dem. Liksom studenterna följer sin rav [lärare] som korrigerar sig själv [...] på liknande sätt följer hela skapelsen Israels barn".[15]

Kapitel 1: En nation föds

Innan vi går djupare in på den position Israels folk har i världen och betydelsen av den, behöver vi titta på varför den israeliska nationen bildades och hur det bildandet utvecklades. Låt oss för ett ögonblick resa 400 mil åt sydost och uppskattningsvis fyra tusen år tillbaka i tiden, till det forntida Mesopotamien, hjärtat av den Bördiga Halvmånen, civilisationens vagga. Belägen på en vidsträckt, frodig plats mellan floderna Tigris och Eufrat, i vad som idag är Irak, var en stadsstat kallad Babylon kärnan i en blomstrande civilisation. Sjudande av liv och rörelse var det den antika världens handelscentrum.

Babylon, hjärtat av den dynamiska civilisationen, var en smältdegel, en idealisk grogrund för otaliga trossystem och läror. Babylonierna utövade många olika sorters avgudadyrkan. *Sefer HaYashar* [*Boken om den Upprätte/Ärlige*] beskriver babyloniernas liv vid den tiden och deras avgudadyrkan:

> *"Alla människor i landet skapade sin egen gud i dessa dagar – gudar av trä och sten. De dyrkade dem och gjorde dem till gudar. På den tiden var kungen och alla hans tjänare och Tera [Abrahams far] och hela hans hushåll de första bland de som avgudade trä och sten. [... Tera] kom att avguda dem och buga för dem och så gjorde hela den generationen. De hade övergivit Herren, som skapat dem, och det fanns inte en enda man i hela landet som kände Herren".*[16]

Men Teras son, Abraham, som då fortfarande gick under namnet Abram, besatt en särskild egenskap som gjorde honom unik: han var ovanligt klarsynt, med en vetenskaplig iver för sanningen. Abraham var också en omtänksam person som insåg att invånarna i hans stad blev allt mer olyckliga. När han reflekterade över det, fann han att orsaken till deras olycka var den växande egoismen och det främlingskap som bredde ut sig bland dem. Inom en relativt kort tidsperiod, gick de efter att ha varit "Av ett språk och ett tal" (1 Mos

11:1), från enhet och ömsesidig omsorg till fåfänga och främling-skap, sägandes: "Kom, låt oss bygga en stad och ett torn med sin topp i himlen och låt oss göra oss ett namn" (1 Mos 11:4).

Faktum är att de var så upptagna med att bygga sitt torn av stolthet att de helt glömde folket som en gång var som en familj för dem. Uppsatsen *Pirkey de Rabbi Eliezer (Avsnitt av Rabbi Eliezer)*, en av *Midrashim* (kommentarerna) av Tora (Moseböckerna), ger inte bara en klar beskrivning av babyloniernas fåfänga utan också av det främlingskap med vilket de betraktade varandra. Böckerna säger:

"Nimrod sa till sitt folk; 'Låt oss bygga en fantastisk stad och leva i den, så att vi inte splittras över hela jorden som de första gjorde och låt oss bygga ett stort torn där inne, stigande mot himlen [...] och låt oss göra oss ett stort namn i landet'".

"De byggde tornet högt [...] de som skulle ta upp tegelstenarna klättrade upp från dess östra sida och de som var på väg ned klättrade längs dess västra sida. Om en person föll till döds, brydde de sig inte om honom. Men om en tegelsten föll, satte de sig och grät och sa; 'När får vi upp en annan i stället'".[17]

Attityden Abrahams provinsfolk hade mot varandra oroade honom, så han begav sig dit och observerade byggarnas beteende. *Pirkey de Rabbi Eliezer* fortsätter att beskriva observationerna av deras fient-lighet mot varandra: "Abraham, Teras son, kom förbi och såg att de byggde staden och tornet". Han försökte tala till dem och berätta för dem om Skaparen, den styrande kraften av enhet som han upp-täckt, för att intyga att allt skulle gå bra om de följde lagen om en-het. "Men de avskydde hans ord", beskriver boken. I stället; "De ville tala varandras språk", som tidigare när de fortfarande var av ett språk, "Men de kände inte till varandras språk. Vad gjorde de? Var och en tog de sitt svärd och stred mot varandra till döds. Faktiskt dödades där mänskligheten av svärd".[18]

Mot bakgrund av sitt folks svåra situation, beslöt Abraham, oavsett riskerna, att sprida läran han funnit. I sin uppsats, *HaYad HaChaza-kah* (Den Mäktiga Handen), också känd som *Mishneh Torah* (Repetit-ion av Tora), beskriver den kände 1100-talsforskaren Maimonides

(RAMBAM) Abrahams beslutsamhet och ansträngning för att av-
slöja livets sanningar:

> *"Ända sedan denne orubblige avvänjdes, började han begrunda. [...] Han började*
> *fundera dag och natt och han undrade hur det var möjligt för detta hjul att ständigt*
> *snurra utan förare? Vem får det att rotera, för det kan inte röra sig av sig själv?*
> *Han hade varken lärare eller handledare. Istället var han inklämd i Kaldéernas Ur*
> *bland obildade avgudadyrkare, med sin mor och far och alla människor som dyr-*
> *kande stjärnor, och han tillbad tillsammans med dem".[19]*

I sitt sökande upptäckte Abraham enhet, verklighetens enhet, den
enda skapande kraften som skapar, upprätthåller och driver hela
verkligheten mot sitt mål. Ur Maimonides ord: "[Abraham] upp-
nådde sanningens väg [...] med sin egen sanna visdom och visste
att det är en Gud som styr [...] att Han har skapat allt och att det i
allt som är inte finns någon annan Gud än Han".[20]

För att förstå vad Abraham uppnådde får vi komma ihåg att när
kabbalister talar om Gud hänvisar de inte till en allsmäktig varelse
eller till en kraft man måste dyrka, behaga och blidka och som belö-
nar hängivna tillbedjare med hälsa, välstånd, långt liv och andra
världsliga förmåner. I stället identifierar kabbalister Gud med Natu-
ren, *hela Naturen*.

Rav Yehuda Ashlag, känd som Baal HaSulam (Stegens mästare),
gjorde ett flertal entydiga påståenden om innebörden av termen
'Gud'. Kortfattat förklarar han att Gud är synonymt med Naturen. I
essän *Freden* skriver Baal HaSulam (i ett något redigerat utdrag):

> *"För att undvika att i fortsättningen behöva använda båda tungorna - 'Naturen'*
> *och en 'övervakare' – mellan vilka, som jag har visat, det inte finns någon skillnad*
> *[...] är det bäst för oss att [...] acceptera kabbalisternas ord om att HaTeva [Na-*
> *turen] är detsamma [...] som Elokim [Gud]. Då kommer jag att kunna kalla*
> *Guds lagar för 'Naturens bud' och vice versa, för de är en och samma och vi behöver*
> *inte diskutera det mer".[21]*

"Vid fyrtio års ålder", skriver Maimonides, "kom Abraham att
känna sin Skapare", Naturens enda lag som skapar allting. Men Ab-
raham behöll inte sin upptäckt för sig själv: "Han började förse

folket i Kaldéernas Ur med svar för att omvända dem och visa dem att den väg de vandrade inte var sanningens väg".[22] Tyvärr konfronterades Abraham av etablissemanget, vilket i hans fall var Nimrod, kung av Babylon.

Midrash Rabba, skriven på 400-talet, presenterar en levande beskrivning av Abrahams konfrontation med Nimrod, den ger en inblick i de svårigheter Abraham led för sin upptäckt och sin hängivenhet till sanningen. Den ger också en underhållande bild av Abrahams glöd.

"Tera [Abrahams far] var en avgudadyrkare [som tjänade sitt levebröd på att tillverka och sälja statyer i familjens affär]. Vid ett tillfälle skulle han iväg och bad Abraham ta hans plats i affären. En man kom in och ville köpa en staty. [Abraham] frågade honom 'Hur gammal är du?'. Mannen svarade 'femtio eller sextio'. Abraham sa till honom 'Ve den som är sextio och måste tillbe en dagsgammal staty'. Mannen blev generad och gick.

En annan gång kom en kvinna in med en skål med mannagryn. Hon sa till honom 'Här, offra inför statyerna'. Abraham steg upp, tog en hammare, slog sönder alla statyerna och placerade hammaren i händerna på den största. När hans far återvände frågade han honom 'Vem gjorde detta?' [Abraham] svarade; 'En kvinna kom. Hon gav dem en skål med mannagryn och bad mig att offra inför dem. Jag offrade och en av dem sa 'Jag vill äta först', och de andra sa 'Jag vill äta först'. Den största tog hammaren och slog sönder dem'. Hans far sa 'Driver du med mig? Vad vet de?' Och Abraham replikerade 'Hör dina öron vad din mun säger?'"[23]

Vid den tidpunkten kände Tera att han inte längre kunde disciplinera sin skamlöse son.

"[Tera] tog [Abraham] och överlämnade honom till Nimrod [kung, men också den högste andlige auktoriteten, i Babylon]. [Nimrod] sa till honom 'Dyrka elden'. Abraham svarade 'Kanske borde jag tillbe vattnet som släcker elden?' Nimrod replikerade 'Dyrka vattnet!' [Abraham] sa 'Då kanske jag ska dyrka molnet som bär vattnet?' [Nimrod] svarade 'Dyrka molnet!'

"[Abraham] sa till honom; 'I så fall, ska jag tillbe vinden som skingrar molnen?' Han sa till honom 'Dyrka vinden!' [Abraham] sa 'Och ska vi dyrka människan som lider i vinden?' [Nimrod] sa 'Du pratar för mycket; jag dyrkar bara elden. Jag kommer att kasta dig i den och låta den Gud du tillber komma och rädda dig!

17

"Haran [Abrahams bror] stod där. Han sa 'Om Abraham har rätt säger jag att jag håller med Abraham och om Nimrod har rätt, säger jag att jag håller med Nimrod'. När Abraham föll ner i ugnen och räddades, frågade de [Haran] 'Vem är du med?' Han svarade 'Jag är med Abraham'. De tog honom och kastade honom i elden och han dog inför sin far. Därför säger man 'Och Haran dog i sin far Teras närvaro'".[24]

Så Abraham stod emot Nimrod men förvisades från Babylon och gav sig av till landet Haran (uttalas *Charan*, för att skilja det från Haran, Teras son). Men bara för att han förvisats från Babylon slutade inte Abraham sprida sin kunskap. Maimonides genomarbetade beskrivningar berättar:

"Han började ropa ut till hela världen, för att uppmärksamma dem om att det finns en Gud för hela världen [...] Han ropade ut, vandrade från stad till stad och från kungadöme till kungadöme tills han kom till Kanaans land [...]"

"Och eftersom de [människor på platser han besökte] samlades runt honom och frågade honom om hans ord, så undervisade han alla [...] tills han förde dem tillbaka till sanningens väg. Slutligen samlades tusentals och tiotusentals runt honom och de är folket av Abrahams hus. Han planterade denna grundsats i deras hjärtan, författade böcker om det och undervisade sin son, Isak. Och Isak satt och undervisade, varnade och informerade Jakob, och utsåg honom till lärare, [så han själv skulle kunna] sitta och undervisa [...] Och Jakob, patriarken, undervisade alla sina söner. Han tog Levi åt sidan och utsåg honom till överhuvud och fick honom att sitta och lära sig Guds väg".[25]

För att garantera att sanningen skulle föras vidare genom generationerna, "befallde Jakob sina söner att inte sluta utse utsedd efter utsedd av Levis söner, så att kunskapen inte skulle glömmas bort. Detta fortsatte och utvidgades till Jakobs barn och till dem som beledsagade dem".[26]

Israel – det djupaste begäret

Den häpnadsväckande följden av Abrahams insatser var födelsen av en nation som kände de djupaste livslagarna, den ultimata "teorin om allt", eller med Maimonides ord: "En nation som känner Herren hade skapats i världen".[27]

I själva verket är inte Israel bara ett namn på ett folk. På hebreiska består ordet *Ysrael* av två ord: *Yashar* (direkt, rakt) och *El* (Gud). Således betecknar Israel ett tänkesätt av att vilja upptäcka livets lag, en önskan att uppnå eller uppfatta Skaparen. För att citera Rabbi Meir Ben Gabai; "I betydelsen av namnet 'Israel' finns också *Yashar El* [direkt till Gud]".[28] På samma sätt, i sin *drush* [skriven predikan] angående Resenärens bön [heb. *Tfilat HaDerech*], skrev den store Ramchal enkelt; "Israel – *Yashar-El*".

Med andra ord är Israel inte en genetisk benämning eller tillskrivning utan snarare namnet eller riktningen av den önskan som drev Abraham till sina upptäckter. Genetiskt var de första israeliterna antingen babylonier eller medlemmar av andra nationer som anslöt sig till Abrahams grupp. Betydelsen av deras namn stod klar för de forntida israeliterna. Som Maimonides skrev hade de sina lärare, leviterna, och de fick lära sig att följa livets grundläggande lagar.

Men i dag är vi omedvetna om det faktum att 'Israel' egentligen syftar på en önskan att känna livets grundlag, Skaparen, och inte anspelar på en genetisk härstamning. Nästan 2 000 års döljande av sanningen, sedan förstörelsen av det andra templet, har praktiskt taget utplånat sanningen att Abrahams upptäckt var avsedd för *alla* människor i världen, precis som Abraham själv ämnade den för *allt* folk i Babylon och senare "började ropa ut till hela världen", för att citera Maimonides.

Bara kabbalister höll genom åren denna sanning levande. Kabbalister som Elimelech av Lizhensk,[29] Shlomo Efraim Luntschitz,[30] Chaim Iben Attar,[31] Baruch Ashlag[32] och många andra skrev i klartext: *Ysrael* betyder *Yashar El* (direkt till Gud).

I övrigt är behovet av att upptäcka denna kraft mer relevant idag än någonsin. Ingenting har förändrats i naturen sedan Abrahams tid och Skaparen är fortfarande den *enda* kraften som skapar, styr och upprätthåller liv.

Vad som *har* förändrats är att vi idag mer än någonsin behöver verklig kunskap om Skaparen. På Abrahams tid hade mänskligheten många andra vägar att följa vid sidan av Abrahams sanna väg. Dagens sociala sätt visar sig successivt vara ineffektiva i att lösa vår avtagande sociala moral och sammanhållning.

Över tid skingrades den babyloniska kulturen och folket spreds över hela världen. Deras alienation och sociala disharmoni, vilket orsakade deras fall – symboliserat av tornets fall – blev obemärkt och ej iögonfallande. Människor bosatte sig på nya platser och förde med sig den babyloniska kulturen och attityden, omedvetna om att de bar med sig sina sedvänjor av disharmoni – fröet till framtida svårigheter.

Nu när vi har en global gemenskap är varje kris på den globala nivån. De misstag vi gör tar ut sin rätt i hela världen, vilket gör Abrahams upptäckt om en enda kraft ytterst viktig, livräddande information som måste ingå i våra beräkningar och planer om vi vill överleva.

Enhet – och följaktligen, jämlikhet

Idag är att förenas vårt enda hopp, eftersom enhet, som vi kommer att se nedan, är riktningen för den kraft som driver allt liv. Vår utmaning är därmed att lära oss *hur* vi kan förenas. Det är möjligt och rimligt, men i en tid av kriser kommer det att krävas att vi erkänner livets kraft och genererar en ömsesidig vilja att förenas och samarbeta så att vi kan leva efter den lagens påbud.

Det bör dock noteras att enhet *inte* kräver paritet eller likhet. Snarare krävs det *skillnad* att enas över. Till exempel finns idag en hel del inriktningar i den judiska religionen såväl som oanslutna judar. Judisk enighet skulle innebära att vi *utan* att ändra våra seder, utan att behöva vara lika, skulle enas och lära oss uppskatta och så småningom verkligen bry oss om varandra.

Om det verkar omöjligt, tänk på en familj med flera barn. I en vanlig familj har varje barn sin unika karaktär. Oftast kolliderar dessa karaktärer, vilket våra minnen från barndomen vittnar om. Vi tänker ofta på våra bröder och systrar i termer som; "Om han/hon inte var min bror/syster, skulle jag aldrig vilja vara tillsammans med honom/henne". Men just det faktum, att vi *är* tillsammans med våra mycket olika släktingar, bevisar att när det finns kärlek kan vi förenas *bortom* olikheterna.

Det är precis vad vi behöver göra – förenas bortom våra olikheter. På så sätt kommer vi intensivt att känna både våra olika, ofta motsatta, egenskaper och enheten som flyter ovan dem. När det händer kommer vi att kunna *använda* våra olikheter till det bästa, eftersom var och en av oss bidrar med perspektiv, idéer och handlingssätt som ingen annan har, och därmed skapa en starkare helhet. Precis så som våra olika organ i kroppen behöver samarbeta för att hålla oss friska behöver vi förbli olika och förenas bortom skillnaderna, för det gemensamma målet att förverkliga det judiska folkets roll – att föra enighetens ljus till nationerna.

Efter att Abraham lämnat Babylon, för att återgå till vårt föregående ämne, fortsatte staden att kultivera självcentrerad frigjordhet. Det är inget fel med glädje och njutning men när det är helt självcentrerat blir det så småningom självförgörande. Abraham fann att det verkliga syftet med livet är att bli som livets unika kraft, att uppleva enhet och förening med alla. Våra vise kallar den enheten och föreningen för *dvekut* [vidhäftande] och vad som menas med det ordet är att vi så småningom ska erhålla Skaparens egenskaper och bli lika, eller till och med jämställda med Honom.

För att citera Rabbi Meir Ben Gabais ord:

"Med dvekut [vidhäftande] med krafter från det Stora Namnet och Hans egenskaper, håller du fast vid Herren din Gud, för Han är sitt Namn och Hans Namn är Han, för du är närstående och likvärdig med Honom och dvekut med Honom är det verkliga livet".[33]

Likaså skrev den heliga Shlah i *Toldot Adam* (Människans generationer): "Våra vise säger (*Sotah* 14a) 'Och du som håller fast vid Skaparen', håller fast vid hans kvaliteter, och kallas sedan Adam [människa] som i *adameh la Elyon* [jag kommer att vara som den Högste]".[34]

På 1900-talet utvecklade Baal HaSulam ingående innebörden av termen *dvekut* och definierade den som "formlikhet", vilket innebär att förvärva "formen" (egenskaperna) hos Skaparen. I hans *Introduktion av förordet till kabbalans visdom* skrev han: "Följaktligen kommer [själen] att vara redo att ta emot allt överflöd och all glädje som finns i Skapelsetanken och den kommer också att vara i fullständig *dvekut* (vidhäftning) med Honom, i formlikhet".[35]

I *Introduktion till boken Zohar*, tillägger Baal HaSulam "Sålunda köper man total vidhäftning med Honom, för andlig vidhäftning är inget annat än formlikhet, som våra vise säger, 'Hur är det möjligt att hålla fast vid Honom? Snarare, håll fast vid Hans kvaliteter.'"[36]

Som nämnts ovan, växte med tiden Abrahams grupp till en nation och behovet av en ny metod för enhet uppstod. Abrahams läror hölls så länge som alla i Israel kunde bli undervisade. Men vid tiden då Israels folk gick ut ur Egypten, var de till antalet 600 000 män och ca 3 000 000 människor sammanlagt. Det var omöjligt att undervisa dem alla på samma sätt som en lärare gör.

Man fann lösningen vid foten av berget Sinai. Där, vid den centrala punkten i vårt folks historia, gavs den mest grundläggande satsen i vår Tora, och ges än i dag, varje dag och i varje ögonblick. Denna grundsats är, som rabbi Akiva uttryckte det; "Älska din nästa så som dig själv".

Vid foten av berget Sinai, förklarar den store forskaren och uttolkaren RASHI, tog vi emot Toran, lagarna genom vilka vi kan förenas, därför att vi där helhjärtat kom överens om att göra det. Med hans ord; "'Och Israel slog läger där' – som en man med ett hjärta".[37] Från den stunden har enhet varit den främsta tillgången för det judiska folket, det medel genom vilket vi uppnår Skaparen, förvärvar hans kvaliteter och erhåller *dvekut*, formlikhet (i våra egenskaper) med Honom.

I *Midrash Tanah de Bei Elijahu* står det "Herren sade till dem, till Israel: 'Mina söner, har jag saknat något som jag borde be er om? Och vad ber jag er om? Bara att ni ska älska varandra, respektera varandra och frukta varandra och att det bland er inte ska existera överträdelse, tillgrepp och fulhet"".[37]

Med tiden blev enhet så avgörande att den i fråga om sin betydelse ersatte alla andra bud. Det blev den enda nyckeln till Israels andliga botgörande och frälsning från sina fiender. I *Midrash Tanhuma* står "Om man tar en bunt av vass, kan man inte bryta dem alla på en gång. Men ett i taget kan även ett spädbarn bryta. Likaså kan inte Israel frälsas förrän de alla är en bunt".[38]

I *Masechet Derech Eretz Zutah* står det i samma anda skrivet:

> *"Så som Rabbi Elazar ha-Kappar skulle säga; 'Älska fred och avsky splittring. Stor är freden, för även om Israel utövar avgudadyrkan och det råder fred bland dem, säger Skaparen; 'Jag vill inte röra [skada] dem', som det står skrivet (Hosea 4:17); 'Efraim är förenad med avgudar, låt honom vara'. Om det råder splittring ibland dem, vad sägs om dem (Hos 10:2)? 'Deras hjärta är splittrat, nu får de bära skulden'".[39]*

Och ändå, för allt som just sagts om vikten av enhet, är det uppenbart när vi ser oss omkring att majoriteten av folket varken finner någon fördel med enhet eller vill förenas, som dogmen dikterar. För att förstå hur en sådan grundsats blev så avgörande för vårt folks existens, och nu för hela världen, måste vi undersöka utvecklingen av verkligheten ur en annan synvinkel än den som vetenskapen brukar ha. Vi behöver titta på verkligheten som en *evolution av begär*. När vi betraktar verkligheten på det viset, kommer motiveringen till företrädet i önskan att förenas och det därpå följande förvärvandet av Skaparens kvaliteter att bli kristallklara. Därför är ämnet för nästa kapitel begärens utveckling.

Kapitel 2: Jag vill, därför finns jag

(Livet som en evolution av begär)

I förra kapitlet sa vi att namnet *Ysrael* (Israel) kombinerar orden *yashar* (direkt) och *El* (Gud). Vi fastslog att namnet kom till när Abraham samlade människor som ville nå Skaparen, upptäcka Gud, och som efter den önskan fick namnet "Israel". I det här kapitlet kommer vi att diskutera uppkomsten av begär i allmänhet, och uppkomsten av begäret efter Skaparen, nämligen Israel, i synnerhet. För att göra det behöver vi undersöka verkligheten som en evolution av begär.

1937 publicerade Baal HaSulam *Talmud Esser HaSfirot* (Studien av de tio sfirot), en monumental kommentar till ARIs skrifter, författaren till *Livets träd.* I kommentaren förklarar författaren i detalj att till grund för verkligheten ligger viljan att ge, som han kallar "viljan till givande", som sedan skapade viljan att ta emot. Detta är anledningen till, förklarar Baal HaSulam, varför våra vise vittnar om att "Han är god och gör gott",[41] och talar om "Hans önskan att göra gott till Sina skapelser".[42]

I del ett av *Studien av de tio sfirot,* förklarar Baal HaSulam varför det var nödvändigt för viljan att ge att skapa viljan att ta emot och varför de två begären är fundamentet för hela skapelsen. Med hans ord:

"Så fort Han tänkt skapelsen som glädje till sina skapelser, utvidgades och expanderade omedelbart detta Ljus [njutningen] från Honom i det mått och den form Han tänkt. Allt är inkluderat i den tanke vi kallar 'Skapelsetanken'. [...] ARI sa att i begynnelsen hade ett övre, enkelt Ljus fyllt hela verkligheten. Med det menas att sedan Skaparen tänkt behaga skapelserna och Ljuset expanderade från Honom och gick bort från Honom inpräntades omedelbart begäret att ta emot i det Ljuset".[43]

För att understryka påståendet att viljan att ge, Skaparen, skapade viljan att ta emot för att ge den njutning, kallar Baal HaSulam det avsnittet "Viljan att ge i Emanatorn föder med nödvändighet viljan att ta emot i den emanerade och den [viljan att ta emot] är det kärl i vilket den emanerade tar emot Hans Överflöd".[44]

Ashlag var inte den förste att hänvisa till att viljan att ge skapade viljan att ta emot, även om han gjorde det mer uttryckligt. Rabbi Isaiah HaLevi Horowitz (den Helige Shlah) skrev också att "Eftersom han var för att göra gott till Sina skapelser, ville Han ge dem den verkliga nyttan, som med skapandet av den onda böjelsen [viljan att ta emot, egoism], vilken är till fördel för skapelserna".[45]

I likhet med de två vise som nämns ovan, skriver Rabbi Nathan Sternhertz i *Likutey Halachot* (Diverse regler) "Herren förstorar Sin barmhärtighet och vänlighet då han vill ge Sina skapelser det absolut bästa av det bästa".[46]

Så viljan att ge – Skaparen – önskar att ge till oss, Sina skapelser, och vi är ämnade att ta emot den nyttan, givandet. Men vad består den nyttan av, det goda som vi är tänkta att ta emot?

I sin *Introduktion till studien av de tio sfirot* skriver Baal HaSulam att förmånen vi är tänkta att ta emot är att uppnå Skaparen, precis som Abraham gjorde för nästan 4 000 år sedan. Med Ashlags ord:

> *"[Vid uppnående] känner man den underbara gåva som Skapelsetanken innehåller, vilken är att glädja Sina skapelser med Sin fulla, goda och generösa hand. På grund av överflödet i gåvan man uppnår, uppstår underbar kärlek mellan en själv och Skaparen, ett oavbrutet flöde till en, från de vägar och kanaler där naturlig kärlek framträder. Allt detta kommer till en från ögonblicket av insikt och vidare framåt".[47]*

För att uppnå Skaparen måste vi ha samma kvaliteter som Han, eller med Baal HaSulams termer, vi måste erhålla "formlikhet" med Honom. I *Introduktion till boken Panim Meirot uMasbirot* (Lysande och välkomnande ansikte), skriver Ashlag:

> *"Så hur kan man uppnå Ljuset [...] när man är skild från och i fullständigt motsatt form [...] och stort hat existerar mellan dem [Skaparen och människan]?*

[...] Det är därför man [...] långsamt renar och inverterar formen av mottagande till att kunna ge. Man upptäcker att man utjämnar sin form med det heliga systemet och det uppstår åter likvärdighet och kärlek mellan dem [...] Man blir alltså belönad med Ljuset [...] eftersom man går in i Skaparens närvaro".[48]

Fyra nivåer av begär formar verkligheten

När man undersökte verkligheten ur perspektivet av begärens utveckling, upptäckte kabbalister att viljan att ta emot, som vi just beskrivit, innehåller fyra tydliga nivåer – stilla, (livlös), vegetativ (flora), levande (fauna) och talande (mänsklig). Många lärda och kabbalister har diskuterat dessa fyra nivåer ända sedan ARI på 1500-talet nämnde verkligheten som indelad i de fyra nivåerna.[49] MALBIM (Meir Leibush ben Lehiel Michel Weiser),[50] Rabbi Pinchas HaLevi Horowitz[51] och RABaD (Rabbi Abraham Ben David), som skrev att "Alla varelser i världen är stilla, vegetativa, levande och talande"[52] är bara tre av många vise som hänvisar till att verkligheten består av de fyra nivåerna.

Ingen vis eller lärd beskriver på det sätt som Baal HaSulam gör. Hans skrifter, som han uttryckligen ämnade för *alla* att läsa och förstå, detaljerar systematiskt och omsorgsfullt verklighetens struktur på samma sätt som kabbalisterna och judiska lärde har uppfattat den i alla tider. I sin essä *Friheten* förklarar han begärens struktur hos det stilla, vegetativa, levande och talande i avsnittet "Lagen om kausalitet". Han förklarar att alla delar av verkligheten är sammanlänkade och uppstår från varandra. Med hans ord:

"Det är sant att det mellan alla delar av verkligheten omkring oss finns ett generellt samband som följer lagen om orsakssamband, som rör sig framåt genom orsak och verkan. Och likt helheten är också varje objekt för sig, vilket innebär att varje varelse i världen från de fyra typerna – stilla, vegetativ, levande och talande – följer lagen om kausalitet genom orsak och verkan.

Dessutom drivs varje bestämd form av ett visst beteende, som en varelse följer i den här världen, av gamla orsaker som tvingar den att acceptera förändring av det beteendet och inget annat. Detta är uppenbart för alla som undersöker naturens vägar utan ett uns av partiskhet och från en rent vetenskaplig synvinkel. Vi måste verkli-

gen analysera den här frågan för att tillåta oss själva att granska den från alla håll".[53]

De fyra nivåerna inom oss

Våra vise hävdar att nivåerna stilla, vegetativ, levande och talande inte bara tillhör naturen utanför oss. De existerar inom var och en av oss, och utgör grunden för våra begär och även varje begärs inre struktur. Rabbi Nathan Neta Shapiro skriver att "Det finns fyra krafter i människan – stilla, vegetativ, levande och talande – medan Israel har ännu en, en femte del, för de är de gudfruktiga talande".[54]

Baal HaSulam ger en mer noggrann beskrivning om hur dessa nivåer av begär fungerar inom oss:

"Vi särskiljer fyra områden hos den talande arten [människan], indelade i ordningsföljd den ena ovanpå den andra. De är massorna, de starka, de rika och de kloka. De är likvärdiga med de fyra nivåerna av hela verkligheten som kallas 'stilla', 'vegetativ', 'levande' och 'talande'.

Stilla [...] framkallar de tre egenskaperna vegetativ, levande och talande. [...] Den minsta kraften bland dem är den vegetativa. Floran fungerar genom att attrahera det som är bra för den och förkasta det som kan skada den, på i stort sett samma sätt som människor och djur. Det finns dock ingen individuell känsla i den, utan en kollektiv kraft, gemensam för alla plantor i världen [...]

Ovanpå dem finns det levande. Varje varelse känner sig själv och attraherar det som är bra för den och förkastar det skadliga. [...] Den här kännande kraften i det levande är väldigt begränsad i tid och rum, eftersom känslan inte fungerar ens på det kortaste avstånd utanför kroppen. Den känner heller ingenting utanför sin egen tidsram, alltså det förflutna eller i framtiden, utan bara i nuet.

Ovanpå dem befinner sig det talande, som består av en känslomässig och en intellektuell kraft tillsammans. Av den anledningen är dess makt att attrahera det som är bra och förskjuta det som är skadligt obegränsad av tid och rum, som hos det levande. På grund av vetenskap, som är en intellektuell förmåga, obegränsad av tid och rum, kan man undervisa andra oavsett var de befinner sig i hela verkligheten, i det förflutna eller i framtiden och genom generationer".[55]

27

Där vi är fria att välja

Som vi nyss lärt oss av Baal HaSulam är skillnaden mellan verklighetens talande nivå och de övriga tre nivåerna, både i den övergripande karaktären och inom oss, den att vi är obegränsade av tid och rum när det kommer till att välja vad vi vill dra till oss och vad vi vill förkasta. Med andra ord, i hela naturen är den mänskliga rasen den enda arten som har frihet att välja. Medan alla andra varelser ofrivilligt följer naturens lagar kan vi *välja* om vi vill följa dem eller inte. När vi väljer att gå emot naturens lagar, utan full kännedom om resultaten av våra handlingar, lider vi tyvärr svårt av konsekvenserna för våra misstag. Detta framgår tydligt av dagens globala kriser.

Eftersom även vårt inre består av dessa fyra nivåer gäller samma regel där, och bara i de begär och kvaliteter inom oss som tillhör den talande nivån har vi frihet att välja.

De grundläggande, naturliga begären – reproduktion för arternas överlevnad, husrum och föda – överensstämmer inom oss med de tre första nivåerna av begär i naturen – stilla, vegetativ och levande. Den fjärde nivån, talande, visar sig i oss som begär efter överflöd bortom våra behov såsom makt, berömmelse, respekt och kunskap.

Den grundläggande skillnaden mellan de tre lägre nivåerna och den översta är att de tre lägre existerar i alla varelser på jorden. Varje varelse strävar efter att säkerställa sin arts existens och att skydda sin avkomma. Omvänt är den fjärde nivån av begär enbart för människan, och vi kommer i huvudsak definiera dem som "begär efter rikedom, ära och kunskap".

Precis som i sin övergripande karaktär, fungerar de tre lägre nivåerna automatiskt, enligt vad naturen dikterar. Den talande nivåns begär är den enda platsen där det finns frihet att välja. Vi måste därför först lära oss hur vår inre natur fungerar innan vi försöker att tillgodose en högre nivås begär.

För att på rätt sätt kunna arbeta med våra begär på den fjärde nivån, behöver vi veta vad som påverkar de begären och syftet med deras existens inom oss. I själva verket finns det inom oss en annan nivå av begär som "ersätter" alla fyra nivåer och som bara existerar i människan.

En punkt i hjärtat

Detta är den nivå Rabbi Nathan Shapiro kallade "den Gudomliga talande". Det är det här begäret som driver oss att upptäcka hur världen fungerar, vad som får den att fungera som den gör och varför. Det är det här begäret vi kallar "Israel", *Yashar El* (direkt till Skaparen). I Abraham uppträdde det begäret som strävan efter att veta: "Hur var det möjligt för det här hjulet att alltid snurra utan någon som styr? Vem får det att snurra, för det kan inte snurra av sig själv?"[56]

Begäret att känna Skaparen namngavs av Baal HaSulam som "punkten i hjärtat". I sin *Introduktion till boken Zohar*, förklarar han att hjärtat kan betraktas som helheten av våra begär och "punkten i hjärtat" är det begär inom oss som strävar mot Skaparen.[57] Min lärare, Rav Baruch Shalom HaLevi Ashlag (Rabash), Baal HaSulams förstfödde son och samtidigt hans efterträdare, förklarade att "punkten i hjärtat" är det begär som kallas "Israel". Med hans ord: "Israel finns också inombords [...] men kallas 'en punkt i hjärtat'".[58]

Nu kan vi förstå varför Abraham var så fast besluten att dela med sig av det han hittat. Han visste att människans begär utvecklades och han visste att ju mer de utvecklades desto mer skulle de gå mot att förvärva rikedom, makt, dominans över andra och kunskap. Det stod klart för honom att om man inte förvärvade kunskap om de mänskliga begärens natur skulle människor inte kunna hantera sig själva och sin omgivning på rätt sätt.

När Nimrod lyckades omintetgöra Abrahams ansträngningar att sprida sin kunskap till babylonierna, tog denne vise man de som följde honom med sig ut ur Babylon för att sprida budskapet utåt. Faktum är att Abrahams arv till oss är att de som förstår vad han lärt ut ska dela den kunskapen med alla som är villiga att lyssna. För att citera boken *Zohar*: "Abraham grävde brunnen *[beer sheba]*. Han grundade den för att han undervisat alla människor i världen att tjäna Skaparen. Och när han grävt den, ger den levande vatten som aldrig sinar".[59]

Israels folk av idag är ättlingar till Abrahams studenter, människor med punkten i hjärtat, punkten Israel inom sig. Och även om punkten nu är begravd under århundraden av glömska så finns den och väntar på att återuppväckas. Med den helige Shlahs ord:

"Israel kallas för 'Israels församling', för även om de nedan är skilda från varandra så är de fortfarande ovan, vid sina själars rot, en enhet och de är samlade för de är en del av Herren. Grenarna [Israels folk] som vill återvända till sina rötter måste följa sina rötters exempel, vilket innebär att de måste förenas även nedan. När det råder splittring mellan dem, synes de skapa splittring och separation ovan; se hur långt detta sträcker sig. Därför måste hela Israels hus bedriva fred och bli ett, i fred och helhet utan brister, för att likna sin Skapare [bli formlik med Honom], för så är Herrens namn, 'Fred'".[60]

När Israel enas och därmed korrigerar sig själva, kan de infria sitt kall och vara "Ett Ljus för nationerna" (Jesaja 42:6). För att citera Rabbi Naphtali Tzvi Yehuda Berlin (NATZIV av Volojin):

"Den främsta anledningen till varför de flesta av oss lever i exil är att Herren avslöjade för Abraham vår Fader att hans söner var menade att bli ett ljus för nationerna, vilket är omöjligt om de inte sprids ut i exil. Sådan var Jakob, vår Fader, när han kom till Egypten, där majoriteten av folket fanns. Genom det gjordes Hans namn stort, när de såg Hans försyn över Jakob och hans ättlingar".[61]

På tal om utvecklingen av begär utgör mänskligheten den fjärde och högsta nivån av begär, den enda som gör det möjligt att välja fritt. Men för att göra de rätta valen behöver människor veta hur allting fungerar från roten. Det israeliska folket representerar begäret att känna roten och därför är det deras ansvar att studera roten och föra sina insikter och uppfattningar vidare till resten av mänskligheten. Då kommer alla att veta hur man får sina val att verka till ens fördel.

För att få den kunskapen skapade Abraham en studiemetod som vise genom tiderna har vårdat och utvecklat. Nästa kapitel kommer att skildra utvecklingen av den metoden som, sedan boken *Zohar* skrevs, har kallats för *'kabbala'*.

Kapitel 3: Korrigeringar genom tiderna

(Evolutionen av korrigeringsmetoden)

I förra kapitlet sa vi att begär växer från stilla till vegetativa till levande till talande. Vi sa att denna utveckling sker både i det yttre, i den övergripande naturen, och inom oss. Vi sa också att vi bara på den talande nivån inom oss har frihet att välja, men för att kunna göra val som är bra för oss måste vi först lära oss hur naturen verkar vid sin rot.

Slutligen sa vi att Israel representerar begäret att känna roten, Skaparen, Den som skapat allt som finns, och att Abraham var den förste som upptäckte denna rot. Han försökte undervisa sina samtida och idag måste vi judar, ättlingar till det begäret, fortsätta med Abrahams kall och fullborda hans uppdrag.

Det Abraham upptäckte var att det enda problemet med hans landsmän var deras växande egon. De blev för självcentrerade för att upprätthålla ett hållbart samhälle. Tidigare var de av "ett språk och ett tal", men på grund av deras växande egon blev de fjärmade och tystlåtna. De växte sig så likgiltiga för varandra, så hjärtlösa och upptagna med att framhäva sig själva att, som vi nämnt i ett föregående kapitel, "Om en person föll till döds [vid byggandet av Babels torn] brydde de sig inte om honom. Men om en tegelsten föll satt de och grät och sa 'När får vi upp en annan i stället?'".[62]

Ännu värre var Abrahams upptäckt att det växande egot inte skulle sluta växa. Det var en inneboende egenskap i den mänskliga naturen, ett distinkt karaktärsdrag hos den talande nivån, att egot konstant skulle växa eftersom det drivs av avund mot andra. I hans *Introduktion till boken Panim Meirot uMasbirot* (Lysande och välkomnande ansikte), skriver Baal HaSulam: "Skaparen ingöt tre böjelser i massorna (människorna), kallade 'avund', 'lusta' och 'ära'. Tack vare dem utvecklas massorna grad för grad tills de bildar en hel män-

32

niskas ansikte".[63] Med andra ord är inte avund ont i sig själv, men måste ändå hanteras, korrigeras och riktas i en konstruktiv riktning.

Den (inte nödvändigtvis) onda böjelsen

När våra vise skriver om *Yetzer HaRa* (den onda böjelsen), hänvisar de till vårt sätt att använda avund för att skada andra eller för att gynna oss själva på deras bekostnad. Men om vi på rätt sätt använder de ovan nämnda avund, lusta och ära blir just de medlen för korrigering. Det här är varför den heliga Shlah skrev: "De värsta kvaliteterna är avund, hat, girighet, lusta och så vidare, vilka är den onda böjelsens kvaliteter – det är just med dem man kommer att tjäna Skaparen".[64]

Och fortfarande finns det i oss att använda de böjelserna negativt, som det står skrivet (första Mosebok 8:21), "böjelsen i en människas hjärta är ond från ungdomen". Likaså skrev Shimon Ashkenazi "finns det inget ont utom den onda böjelsen",[65] och århundraden tidigare fastställde *Midrash Rabba* att "människor är översköljda av den onda böjelsen, som det sägs, 'för böjelsen i en människas hjärta är ond från dess ungdom'".[66]

Abraham upptäckte att av alla skapelser är det bara människan som besitter en ond böjelse. Detta är anledningen till att den store Ramchal skrev "Det finns ingen annan skapelse som kan göra skada så som människan. Människan kan synda och göra uppror och böjelsen i en människas hjärta är ond från ungdomen, vilket inte är fallet med någon annan skapelse".[67]

Baal HaSulam skriver att den onda böjelsen är viljan att ta emot.[68] Ändå säger vi i tidigare kapitel att viljan att ta emot är hela skapelsen och att människan utgör den fjärde och mest utvecklade nivån av viljan att ta emot. Hur kan då viljan att ta emot vara källan till allt ont?

Problemet är att viljan att ta emot på den talande, mänskliga nivån inte är statisk. Den växer konstant och söker ständigt mer. Med våra vises ord: "Man lämnar inte världen med hälften av sina önskningar i handen, för den som har hundra vill ha två hundra, den som har två hundra vill ha fyra hundra".[69] På grund av att vi alltid söker efter mer känns det alltid otillräckligt. Liksom den heliga Shlah säger, "den som inte är belåten saknar alltid",[70] och är därför alltid olycklig och otillfredsställd. När vi ser på vårt konsumtionssamhälle kan vi se att vi, om vi ger efter för det elementet i vår natur, kommer bli kastade in i en oändlig "nöjesjakt" som inte går att stoppa och som inte heller kan göra oss lyckliga.

Alltså insåg Abraham att den onda böjelsen, hatet och främlingskapet som uppstod mellan babylonierna, orsakade alla problem hos dem och att det inte fanns något hopp om att detta jäsande skulle lugna ner sig av sig själv. Emellertid insåg han också det nödvändiga i att ha en intensiv vilja att ta emot för att kunna fullborda syftet med skapelsen, för att människan skulle kunna nå *dvekut* [vidhäftning, formlikhet] med Skaparen. Med Ramchals ord för att slutföra citatet ovan: "Men å andra sidan, när han [människan] är korrigerad och kompletterad, stiger han över allt och förtjänar att vidhäfta [ta sig fram till] Honom och alla andra skapelser är beroende av honom".[71]

I stället för att försöka tillintetgöra den onda böjelsen, utvecklade Abraham därför en metod med vilken människor kunde korrigera, eller "tämja" sina böjelser, vilket innebär deras egon, och på så sätt dra fördel av deras tillväxt. Så fort han utarbetat metoden började han dela den med alla och gjorde inga undantag, som Maimonides vittnar; "Han började ropa ut till hela världen".[72]

Som vi nämnde i inledningen skrev Maimonides att Abraham "planterade denna grundsats i deras hjärtan [att det finns en Gud, en kraft i världen], författade böcker om det och undervisade sin son, Isak".

Men Abrahams metod var lämplig endast för hans samtida. Den kunde inte och var heller inte menad att vara lämplig för senare generationer. Eftersom den onda böjelsen på den talande nivån – viljan att ta emot för egen räkning som också är känd som "egoism"

– ständigt växer och utvecklas så krävdes vid tiden när Israels folk vuxit till en nation och lämnat Egypten, en ny metod för korrigering.

De cirka tre miljoner som tågade ut ur Egypten skilde sig från de sjuttio själar som två århundraden tidigare kommit dit. Israels vilja att ta emot ökade enormt under tiden i Egypten och krävde en mycket tydlig uppsättning instruktioner för att korrigera den.

Moses säger "Förenas!"

Lösningen kom genom Moses och Toran, men också genom nya förutsättningar att genomföra vilken korrigering som helst från den tiden och framåt. Den store uttolkaren RASHI skriver att Israels folk för att ta emot Toran vid Sinaibergets fot stod "som en människa med ett hjärta".[73] Denna fullkomliga och kompletta enhet utvecklades senare till en av Israels mest framstående egenskaper – ömsesidig garanti – det ädla drag som utmärkte Israel från alla den tidens nationer.

Genom att acceptera villkoret att vara som en människa med ett hjärta, tog Israel emot Toran, instruktionen, koden till lagen som kunde hjälpa dem att tämja egot. Med den blev de ett samhälle där varje medlem – man, kvinna och barn – uppnådde Skaparen och levde efter lagen om ömsesidig garanti, i formlighet med den enda Gud (eller kraft) Abraham upptäckt. Den babyloniska Talmud berättar:

> "De letade från Dan till Beer Sheba och ingen okunnig [okorrigerad person] sågs från Gevat till Antipris, och ingen pojke eller flicka, man eller kvinna kunde hittas som inte var ordentligt insatt i lagarna om renhet och orenhet [korrigeringar enligt Mose lag]".[74]

Med sin nyvunna enhet, erövrade Israel Kanaan – från ordet *knia* (överlämnande)[75] – och gjorde det till "Israels land" – en plats där begäret efter Skaparen styr. Templet Israel upprättade i landet representerade deras höga nivå av insikt, där de fortsatte att utveckla och förverkliga Moses metod.

Och ändå, som våra vise skriver, "Den onda böjelsen föds med människan och växer med honom/henne hela sitt liv",[76] och "böjelsen i en människas hjärta är ond från ungdomen, och växer ständigt genom all lusta".[77] Moses metod för korrigering, lagarna vi kallar Toran, förblev ändå intakt under det första och andra templet och även under exilen i Babel.

Men då Israels andliga tillbakagång fortsatte, fann folket det allt svårare att hålla sig till sin enighet och sin förbindelse med Skaparen. Därför hade det andra templet en lägre andlig grad (nivå av anslutning eller formlikhet med Skaparen) än det första. Kabbalisten Rabbi Behayei Ben Asher Even Halua förklarar:

> "Sedan den dag gudomligheten var närvarande i Israel, vid givandet av Toran, lämnade den inte Israel förrän vid det första templets förstörelse. Sedan förstörelsen av det första templet [...] var den inte ständigt närvarande, som under det första templet".[78]

Så småningom ökade nivån av egoism bland Israels folk till den grad att den helt och hållet separerade dem från varandra och från Skaparen. Det var faktiskt åtskiljandet från varandra som skapade separationen från Skaparen, från förnimmelsen av livets grundläggande kraft. Detta ledde i sin tur till att det andra templet förstördes och till den sista och längsta exilen.

I boken *Netzach Yisrael [Israels Kraft]*, beskriver Rabbi Yisrael Segal Israels fall från nåd:

> "I det andra templet fanns en speciell egenskap, att Israel inte var delat i två, det fanns bara enhet mellan dem. Därför förstördes det första templet av överträdelser genom deras tuma'a [orenhet], och Herren vistas inte bland dem i deras tuma'a. Men det andra templet förstördes av ogrundat hat, vilket upphävde den enhet som var deras dygd i det andra templet".[79]

På liknande sätt skriver den store forskaren och poeten Rabbi Abraham Ben Meir Ibn Ezra:

> "'Och du skall trampa på deras höga platser', 'Och jag kommer att låta dig rida på de höga platserna på jorden', och anledningen är det ogrundade hatet som var närvarande i det andra templet tills det skapade exil över Israel".[80]

Det stora fallet, och frälsandets frön

Exilen efter att det andra templet förstörts kom från ogrundat hat, men den tjänade ett dubbelt syfte. Det första var att exilen var en drivkraft för att ytterligare utveckla metoden för korrigering. Eftersom Toran inte längre räckte till för att upprätthålla nationens andliga nivå var det dags att anpassa metoden till det tillstånd som människorna nu befann sig i – i exil och mer egoistiska än under Mose tid. Det andra syftet med exilen var att Israel skulle beblanda sig med andra nationer och sprida den "andliga genen" över hela världen och på så sätt göra det möjligt för hela mänskligheten att korrigeras, som Abraham ursprungligen menat.

Omkring tiden då det andra templet förstördes sammanställdes två nyskapande verk. Det ena var *Mishna* och det andra var boken *Zohar*. Det tidigare blev från den dagen och framåt, tillsammans med *Bibeln*, grunden till praktiskt taget all judisk visdom. Det senare däremot, doldes strax efter det skrivits och förblev gömt i mer än tusen år, tills det dök upp i händerna på Rabbi Moses de Leon.

Författarna till *Mishna, Gmarra* och alla övriga skrifter av våra vise, försåg under exilen Israels folk med vägledning på både det andliga och det fysiska planet. Medan skrifterna berättar om andliga tillstånd kan de lika gärna uppfattas som fysiska budord.

Eftersom lagarna som våra vise lärde ut härstammade från andliga lagar, kunde de tillämpas i det fysiska livet, precis som Israel hade gjort innan tiden för förstörelsen av templet. På detta sätt behöll judarna en viss grad av förbindelse med den tidigare andliga nivån, om än utan det faktiska uppnåendet av källan och lagarnas ursprung.

Rabbi Menahem Nahum av Tjernobyl skrev angående det att Israel stängdes av från den andliga nivån och uppnåendet av Skaparen:

"Anledningen till exilen är förstörelsen av templet i allmänhet och i synnerhet. Israel har [blivit] så korrumperade att de orsakade utdrivningen av Shechina [Gudomligheten] från det allmänna templet. Det enskilda [personliga] templet återfinns i deras hjärtan [...] och genom att avlägsna sig från det personliga templet [Gudom-

ligheten] [...] *avlägsnade [de] sig från det allmänna templet och exilen var ett fak-*
tum".[81]

I samma anda skrev Jonathan Ben Natan Netah Eibshitz: "I det
första templet lämnade inte Gudomligheten templet för att exilen
varade en kort tid. Men vid andra förstörandet, vilket är under en
lång tid, försvann *Shechina* [Gudomligheten] helt och hållet".[82]

Och medan de flesta judar fokuserade på att behålla en förbindelse
med andligheten, på den nivå som de vise av *Mishna* och *Gmarra*
instruerade dem, har det alltid funnits de exceptionellt få som bara
inte kunde nöja sig med att blint leva efter buden. Frågorna som
drev Abraham att upptäcka Skaparen brann inom dem, deras punkt
i hjärtat hade inte släckts och de drevs till den djupaste av alla stu-
dier, kabbalans visdom.

En ny era, ett nytt tillvägagångssätt

Kabbalisterna höll sina studier dolda. I hemliga kammare utveck-
lade de en korrigeringsmetod som skulle vara lämplig för *alla*, när
helst det behövdes. I små grupper, ibland ensamma, studerade de
och uppnådde insikt, men det de lärde sig och det som skrevs ned
höll de mestadels för sig själva.

Men en dag på 1500-talet kom en ung man vid namn Isak Luria till
den kabbalistiska staden Safed i norra Israel. Hans ankomst marke-
rade början på en ny era i utvecklingen av korrigeringsmetoden.
Genom hans främsta elev, Chaim Vital, framförde Isak Luria – i dag
känd som den helige ARI – ett helt nytt sätt att närma sig kabbalans
visdom. Hans till synes tekniska förklaringar av det andliga syste-
mets struktur och hans systematiska, precisa beskrivningar, blev
gradvis den rådande studiemetoden bland kabbalister.

ARIs främsta lärjunge, Rabbi Chaim Vital, skrev flitigt det hans
lärare dikterade. Efter att Rabbi Vital gick bort började hans son att
publicera dessa skrifter, de mest anmärkningsvärda av dem är *Livets
träd* och *Åtta portar*. Med tiden blev de litterära verken grunden till

det som i dag är den dominerande metoden för att studera kabbala, den Lurianska kabbalan, uppkallad efter Isak Luria, ARI.

Tillåtelse att delta

Vid sidan av att Luriansk kabbala växte och blev förhärskande, började man gradvis frångå sekretessen, då fler och fler kabbalister kände att tiden var mogen för att avslöja den metod genom vilken världen kunde nå sin slutliga korrigering.

I sin bok, *Ljuset från solen,* skriver kabbalisten Rabbi Abraham Azulai:

> *"Förbudet från Ovan, att avstå från öppna studier av sanningens visdom [kabbala], pågick under en begränsad tid till slutet av 1490. Efter det anses det vara den sista generationen, under vilken förbudet hävts och det har getts tillåtelse att använda boken Zohar. Och sedan 1540 har det varit en stor mitzva (bud, god gärning, korrigering) för massorna att studera, gamla som unga. Och eftersom Messias är skyldig att komma som ett resultat, och inte av någon annan anledning, finns det ingen orsak till att vara försumlig".*[83]

Även om ARI inte tillät någon annan än Chaim Vital att studera hans lära, skrev den senare frikostigt om vikten av att studera kabbala. "Ve folket som skymfar Toran. De engagerar sig inte i kabbalans visdom, vilken hedrar Toran, ty de förlänger exilen och allt lidande som är på väg att komma till världen", så skrev han i sin introduktion till *Livets träd.*[84]

Under de århundraden som följde uppgav många rabbiner, kabbalister och forskare att studerandet av kabbala var avgörande för vår frälsning och till och med för vårt folks överlevnad. Vid mitten av 1700-talet skrev Vilna Gaon (GRA) uttryckligen "Frälsningen är beroende av studerandet av kabbala".[85]

I början av 1800-talet började kabbalister förkunna att även barn bör studera kabbala, de uttryckte tydligt att förbudet att studera innan de fyllt fyrtio skulle upphävas. Rabbinen av Komarno skrev: "Om mitt folk beaktat mig, i den här generationen när kätteri råder, skulle de ha fördjupat sig i studier av boken *Zohar* och *Tikkunim* [korrigeringar], och begrundat dem med nioåriga barn".[86]

I början av 1900-talet gick Rav Isak HaCohen Kook, som senare blev den förste överrabbinen i Israel, öppet ut och krävde studier av kabbala, liksom judarnas återkomst till landet Israel. I *Orot (Ljus)* skrev han att "Torans hemligheter leder till frälsning, de för Israel tillbaka till sitt land".[87]

Vid ett flertal tillfällen skrev Rav Kook ganska skarpt att alla judar måste studera kabbala, även om han sällan använde den exakta termen och vanligtvis hänvisade till det via dess kända epitet; "sanningens visdom", "den dolda visdomen", "Torans inre" eller "Torans hemligheter". Med hans egna ord:

> *"Vi har en skyldighet att expandera och etablera engagemang för Torans inre, i alla dess andliga frågor, som i sin vidare mening innefattar Israels breda visdom, vars spets är kunskapen om Gud i sanning i enlighet med Torans djupaste hemligheter. I dessa dagar krävs klargörande, granskning och förklaring för att göra det allt tydligare och mer utbrett i hela vår nation".[88]*

Nu alla tillsammans

Den senaste fasen i utvecklingen av korrigeringsmetoden inleddes vid början av 1900-talet och börjar först nu få upp farten. Eftersom vi är en del av den fasen är det den som är av störst betydelse för oss.

Som det skrevs i introduktionen; när Abraham först upptäckte att en kraft styr och leder världen, började han sprida sin kunskap. Hans mål var att sprida den till *alla* människor, ingen undantagen. Men Nimrod, kung av Babylon, hindrade honom från att nå sitt mål. Abraham var tvungen att ge sig av och kom slutligen till Kanaans land, vilket han gjorde till Israel (efter begäret att nå *yashar El*, direkt till Skaparen).

Detta mål har inte förändrats genom århundradena. "Noa skapades för att korrigera världen utifrån det skick den var vid den tiden [...]

och de [hans samtida] tog också emot korrigering från honom", skriver Ramchal.[89] I sin kommentar till Toran skriver Ramchal även:

"Moses ville då slutföra korrigeringen av världen. Därför tog han den blandade folkgruppen, då han trodde att det skulle vara det som korrigerar världen vid korrigeringens slut [...] Men han lyckades inte på grund av den korruption som uppstod längs vägen".[90]

Efter förstörelsen av det andra templet valde kabbalisterna att dölja visdomen från alla, både judar och icke-judar, tills tiden för ARI då de började känna att tiden var mogen att avslöja den för alla. Vid den tidpunkten började de att undervisa och sprida visdomen på ett sätt som blev mer direkt och tydligt för varje generation.

I början av 1900-talet var alla hämningar borta och kabbalister krävde öppet ett spridande av visdomen och att lära ut den till alla nationer. Rav Kook uttryckte detta tänkesätt mycket tydligt i ett av sina brev:

"Jag har gått med på att lämna ut alla världens hemligheter, då det är dags att göra för Skaparen, det som är nödvändigt vid den här tiden. Personer större och bättre än jag har fått genomlida förtal i hela landet för sådana frågor, pressade av sina rena andar för korrigeringen av generationens skull, att tala nya ord och att avslöja det dolda, vilket massornas intellekt inte var van vid".[91]

Under första världskriget kände sig Rav Kook tvingad att beskriva sambandet han såg mellan världens problem och att tända Israels andliga kraft genom enhet. I sin bok *Orot (Ljus)*, skrev han:

"Byggandet av världen, som för närvarande krossas av ett blodfyllt svärds fruktansvärda stormar, kräver byggandet av den israeliska nationen. Byggandet av nationen och avslöjandet av dess ande är en och samma sak och det är ett med byggandet av världen, vilken faller ihop i väntan på en kraft full av enighet och upphöjdhet och allt som finns i Israels församling".[92]

Hans samtida, Baal HaSulam, skrev rikligt och påfallande ofta om behovet av att avslöja kabbalans visdom till alla, speciellt idag. I hans essä *Messias Shofar*, skrev han:

"Vi bör känna till att det här betyder att Israels barn når frälsning först då den dolda visdomen avslöjas i stor utsträckning, som det står skrivet i Zohar: 'Med detta verk blir Israels barn lösta från exilen'.

[...] I min bedömning befinner vi oss i en generation som står vid tröskeln till frälsning, om vi bara vet hur vi ska sprida den dolda visdomen till massorna.

[...] Det finns en annan anledning till det: vi har accepterat att det är en förutsättning för frälsning – att alla nationer i världen kommer att erkänna Israels lag [av givande], som det står skrivet; 'Och landet skall fyllas av kunskapen'. Det är som i exemplet från uttåget ur Egypten, där det var ett villkor att också Farao skulle erkänna den sanna Guden och Hans lagar, och tillåta dem att ge sig av.

[...] Vi måste förstå varifrån världens nationer kan komma till en sådan föreställning och önskan. Var så säker att det är genom spridandet av den sanna visdomen, så att de tydligt kommer att se den sanna Guden och den sanna lagen [av givande]. Och spridandet av visdomen till massorna kallas 'Shofar [stridstrumpet eller bockhorn]'. Likt Shofar, vars ljud färdas långa sträckor, kommer ekot av visdomen att spridas över hela världen".[93]

Faktum är att arvet från dessa andliga jättar har uppfyllts, och i dag kan den som önskar studera "den dolda visdomen", oavsett religion, ålder eller kön, då den inte längre är dold. Som Abraham föreställde sig, kan vårt globala Babylon nu studera livets grundläggande lag som skapar och upprätthåller det, och det finns inga begränsningar alls.

Men om allt är okej, varför finns det då så många problem i världen? Varför lider så många människor fortfarande och varför verkar antalet människor i svåra situationer öka? Om livets grundläggande lag kan bli känd för alla, hur kommer det sig att så få känner till den, särskilt nu när vi inte vet hur vi ska hantera de många kriser som drabbar det mänskliga samhället? Om den lagen är Skaparen, och därmed kan ordna allt, varför har inte alla bråttom att lära sig den?

För att svara på dessa frågor behöver vi förstå de olika sätt genom vilka visdomen sprids och särskilt den roll det judiska folket har i spridningen av kabbala, och vad som menas med att vara ett ljus för nationerna. Följaktligen kommer nästa kapitel att handla om att genom kabbalans ögon diskutera det judiska folkets roll.

Kapitel 4: En nation med ett uppdrag

(Det judiska folkets roll)

"Abraham tilldelades välsignelsen att vara som himlens stjärnor, Isak välsignelsen av sanden och Jakob som jordens stoft, ty Israels barn skapades för att korrigera hela skapelsen."

Yehuda Leib Arie Altar (*ADMOR* av Gur),
Sfat Emet (Sanningsenliga läppar), *Bamidbar* (4 Mos).

I slutet av föregående kapitel frågade vi "Om allt är okej varför är det då så mycket som är fel med världen?" och "Om livets grundläggande lag kan bli känd för alla, hur kommer det sig att så få känner till den, särskilt nu när vi inte vet hur vi ska hantera de många kriser som drabbar det mänskliga samhället?" Vi sa att för att kunna svara på de frågorna behöver vi förstå hur kunskapen om lagen sprids och på vilket sätt judar är relaterade till spridandet.

Du minns kanske att vi i introduktionen sa att så snart Abraham upptäckt att en enda kraft styr i världen, rusade han för att berätta för sina ortsbor om sin upptäckt. Han ställde inga villkor, han ville bara dela sin nyupptäckta kunskap med alla. Men icke, varken hans kung Nimrod eller folket var redo att acceptera idén att den styrande kraften i livet är den av givande och att deras mål i livet, som vi sa i första kapitlet, är att avslöja den kraften genom att efterlikna den eller till och med bli jämställd med den. Babylonierna på Abrahams tid var för upptagna med att bygga sitt torn och att försöka trotsa naturens lagar.

Medan Abraham vandrade genom det som nu är Främre orienten och Mellanöstern, på sin väg till Kanaan, samlade han i sitt tält alla som kunde förstå hans idéer och var redo att ta på sig förändringen från egoism till altruism. De människorna blev senare till Israels nation, namngiven efter begäret att nå direkt till Skaparen.

Men livets fyra nivåer – stilla, vegetativ, levande och talande – är konstanta. De måste förverkligas helt och fullt och alla de som fysiskt tillhör den talande nivån måste till slut uppnå den även andligt. Det faktum att inte alla babylonier på Abrahams tid var redo att åta sig den förändringen i sig själva, förändrar ingenting vad det gäller det slutliga syftet med varför den mänskliga rasen existerar. De som var redo och villiga att förbinda sig, blev därför kunskapens "väktare" och anförtroddes att bevara och vårda den för eftervärlden.

I sin essä *Arvut* (Ömsesidig garanti) skrev Baal HaSulam:

> *"[Skaparen sade] 'Du ska vara min Sgula [botemedel/dygd] bland alla folk'. Detta innebär att du kommer att vara mitt botemedel och renande gnistor och rensning av kroppen ska flöda genom dig till alla folk och alla nationer i världen. Nationerna i världen är ännu inte redo för det, och jag behöver minst en nation att börja med nu, så det blir som ett botemedel för alla folk".*[94]

Detta citat, tillsammans med Rabbi Altars ord som citerades i början av detta kapitel, "Israels barn skapades för att korrigera hela skapelsen", tillsammans med citatet nedan i detta kapitel, lämnar föga tvivel om de judiska andliga ledarnas bild genom tiderna när det gäller den roll för vilken judarna existerar i världen.

När Mose ledde Israels folk ut ur Egypten, ville han först och främst till dem föra vidare den lag han själv lärt sig, den lag som Abraham lärt sig före honom. Hans mål var att fullborda, eller åtminstone föra vidare det uppdrag Abraham påbörjat generationer tidigare. Rav Moshe Chaim Lozzatto, den store Ramchal, skrev om det:

> *"Moses ville slutföra korrigeringen av världen på den tiden. Det är därför han tog den blandade folkgruppen [självcentrerade människor, utan korrigerade begär], eftersom han trodde att det var det som skulle korrigera världen vid korrigeringens slut [...] Men han lyckades inte på grund av den korruption som uppstod längs vägen".*[95]

Trots svårigheterna, skriver Rabbi Isaac Wildman, var det "Moses bön och välsignelse till generationen i öknen, att de skulle utgöra början av världens korrigering".[96]

Men världen hade ingen önskan att korrigeras. Nationerna var inte redo att ge upp egenkärleken och omfamna altruism – givande – som sin främsta kvalitet. Under tiden fortsatte så den israeliska nationen att "finputsa" sin egen korrigering i väntan på att resten av nationerna skulle bli redo och villiga. För att citera Ramchal:

"Du ska veta [...] att skapelsen som helhet inte kommer att bli fullständig förrän hela den nation som utsetts är ordnad på rätt sätt, färdig med hela sin utsmyckning, med Shechina [Gudomligheten] fäst vid den. Följaktligen kommer världen att nå den fullbordade nivån. [...] Vi måste komma till ett läge där nationen är helt komplett enligt de fastställda villkoren, hela skapelsen når då sin fullbordan och världen kommer att permanent förbli i det korrigerade tillståndet".[97]

Av detta följer att den israeliska nationen fungerar som en kanal genom vilken korrigering, kvaliteten av givande, kan nå de avsedda mottagarna: världens nationer. Med sin vältaliga, utsmyckade stil, berättar Rav Kook detaljerat hur han ser på judarnas roll när det gäller resten av nationerna:

"Genom att Israels kall, att vara Herrens nation, är närvarande, fullbordat, synligt, bestående och aktivt i världen, är det ett levande vittnesbörd för all framtid om framgången med att fullborda formen hos den mänskliga rasen, att behålla dess egenskaper och att upphöja den genom lämpliga steg av helighet [...] som Herren beslutat. Och då vårt eget kall är ständigt bestående och åtföljer hela naturens kall – vars lag är att fullborda alla skapelser och föra dem till höjden av perfektion – måste vi andäktigt skydda det för allas våra liv, som hålls inom det, och för hela mänskligheten och dess moraliska utveckling, vars öde är beroende av ödet av vår existens".[98]

Som framgår av introduktionen till denna bok går Rav Kook till och med så långt att han säger:

"Den israeliska själens sanna rörelse i sitt vackraste tillstånd uttrycks enbart genom dess heliga, eviga kraft som flödar i dess anda. Det är det som har gjort den, som gör den och som kommer att göra den till en nation som är som ett ljus för nationerna".[99]

I sin bok, *Ein Ayah [En höks öga]*, skriver Rav Kook vidare:

"Inom Israel finns en dold helighet av att upphöja värdet av livet självt genom den Gudomlighet som finns närvarande i Israel. Den nationella själen hos Israels församling strävar efter det mest sublima och upphöjda, att i livet agera genom det mest upphöjda och Gudaktiga värdet, samma värde som gör det omöjligt för en människa, efter att ha sett härligheten och upphöjdheten i sin mest tilltalande och magnifika form, att fråga 'Vad är meningen med ett sådant liv?'. I total fullständighet kommer den att fullbordas i Israels hus och från den kommer det att stråla ut till jorden och hela världen, 'till ett förbund för folket, till ett ljus för nationerna'".[100]

Likaså skriver Rabbi Naphtali Tzvi Yehuda Berlin (känd som 'NATZIV av Volojin'):

"Profeten Jesaja sade: 'Jag tar din hand och håller dig, jag kommer att ge dig som ett förbund till folket, ett ljus till nationerna', för att korrigera förbundet, som är tro, åt alla nationer. De kommer att förkasta tron på avgudar och kommer att tro på en Gud. Faktum är att förbundet med Abraham vår Fader hade undertecknats på det ämnet".[101]

Blandas och umgås

Men hur ska nationerna kunna ta del av korrigeringen? Om den israeliska nationen korrigerar sig själv, på vilket sätt kommer det att påverka någon av de andra nationerna?

När Abraham först upptäckte Skaparen, beskrev han det för var och en som ville lyssna och de som följde honom blev det folk som först korrigerades. Det folket begav sig sedan till Egypten och kom slutligen därifrån i mycket större antal, som en hel nation. Den nationen tog emot Lagen om korrigering, nämligen Toran, och korrigerade sig själv. I första templet nådde den judiska nationen sin högsta nivå av förbindelse med Skaparen, vilket framgår av föregående kapitel. Därifrån började nationen förfalla ända till dess att folk drevs till exil i Babel. När de kom tillbaka till landet Israel *valde* majoriteten av den judiska nationen att stanna i diasporan och assimileras där.

Det var i själva verket så här budskapet började vidareförmedlas. När människor som en gång var korrigerade – som hade satt sig över egenintresset och upptäckt Skaparen – blandade sig med de som aldrig hade haft sådana tankar, började dessa ädla idéer att spridas i värdsamhället, och bidrog till att införliva mer humana tankar i människors sinnen. Även om de inte var korrigerade tankar från medvetanden som övervunnit egoismen, började begrepp som universalism och humanism ändå få fäste i människors medvetande.

Faktum är att kända lärde under renässansen hävdade att grekerna hade tagit till sig åtminstone några av judarnas begrepp, i detta fall speciellt från kabbala. Till exempel Johannes Reuchlin (1455-1522), politisk rådgivare till förbundskanslern, skrev i *De Arte Cabbalistica* (Om konstarten Kabbala):

> *"Ändå härstammar hans [Pythagoras] överlägsenhet inte från grekerna, utan återigen från judarna. [...] Han var själv den förste att omvandla namnet kabbala, som var okänt för grekerna, till det grekiska namnet filosofi".*[102]

År 1918 citerades en fransk präst, Charles Wagner, som ska ha skrivit:

> *"Inget av de praktfulla namnen i historien – Egypten, Aten, Rom – kan jämföras med den eviga storheten hos Jerusalem. För Israel har gett mänskligheten kategorin helighet. Endast Israel har känt törsten efter social rättvisa, och den inre helighet som är källan till rättvisa".*[103]

På senare tid skrev den kristna historikern Paul Johnson i *En historia om judarna*:

> *"Judarnas påverkan på mänskligheten har antagit många former. Under antiken var de stora innovatörer inom religion och moral. Under medeltiden och det tidiga medeltida Europa var de fortfarande ett avancerat folk som förde vidare sällsynt kunskap och teknik. Gradvis knuffades de av tåget och halkade efter; vid slutet av 1700-talet sågs de som en smutsig och bakåtsträvande eftertrupp i marschen hos en civiliserad mänsklighet. Men sedan kom en andra häpnadsväckande explosion av kreativitet. Man bröt sig ut ur gettona och ännu en gång förändrade de människors tänkande, denna gång inom det världsliga området. Mycket av det mentala möblemanget i den moderna världen är också av judisk tillverkning".*[104]

I *The Gifts of the Jews: How a Tribe of Desert Nomads Changed the Way Everyone Thinks and Feels* (Judarnas gåvor: Hur en stam ökennomader förändrade allas sätt att tänka och känna) beskriver författaren Thomas Cahill, tidigare chef för religiös publicering hos Doubleday, likaså judarnas bidrag till världen som, enligt honom, började under exilen i Babylon. "Judarna startade det hela", skriver han, "och med 'det hela' menar jag de många saker som vi bryr oss om, de underliggande värden som får oss alla, judar och ickejudar, troende och ateister att fungera. Utan judarna skulle vi se världen med andra ögon, höra med andra öron och även känna andra känslor [...] Vi skulle tänka med ett annat sinne, tolka alla våra erfarenheter på ett annat sätt, dra andra slutsatser av det som drabbar oss. Och vi skulle ta en annan riktning i livet".[105]

Intressant nog skrev också några kända judiska ledare om spridandet (och förstörandet) av judisk visdom efter förstörelsen av det första templet. Rabbi Shmuel Bernstein av Sochatchov skrev till exempel:

"Grekerna hade filosofins visdom, vilken härstammar från kung Salomos skrifter, som kom i deras händer efter förstörandet av det första templet. Hur som helst, användes de felaktigt genom att man tog bort och lade till och bytte ut tills falska åsikter blandades med dem. Men själva visdomen är ändå hel, bara det att delar av osanning har blandats med den".[106]

Baal HaSulam skrev på liknande sätt i *Kabbalans visdom och filosofi*:

"Kabbalas vise betraktar filosofisk teologi och klagar över att de har stulit det övre skiktet av deras visdom, som Platon och hans grekiska föregångare hade förvärvat när de studerade med profeternas lärjungar i Israel. De har stulit grundläggande element från Israels visdom och burit en mantel som inte är deras".[107]

Judarnas arv

Judarna som blev kvar i Babylon efter det första templets förstörelse försvann och lämnade inga spår, förutom de idéer de efterlämnade till sina värdar. Senare, när det andra templet förstördes, drevs hela det judiska folket i exil och introducerade världen till två grundsatser som kom att bli basen för de tre övervägande religionerna med det passande namnet "Abrahamitiska" religioner: "Älska din nästa som dig själv", och "monoteism", vilket betyder att det bara finns en Gud, en kraft som styr världen. Dessa begrepp är avgörande för att lyckas med mänsklighetens korrigering, därför att när de förstås korrekt definierar det första begreppet sättet på vilket vi kan ta emot korrigering – genom att älska andra, inte släktingar utan våra grannar, vilket betyder främlingar. Det senare definierar essensen av vårt uppnående när vi väl korrigerats – verklighetens enda kraft.

I enlighet med detta skrev professor T.R. Glover från universitetet i Cambridge i *The Ancient World* att det "är märkligt att de nuvarande världsreligionerna alla bygger på religiösa föreställningar som kommer från judarna".[108] Likaså skrev Herman Rauschning, en tysk konservativ revolutionär som under en kort tid var med i naziströrelsen innan han bröt med dem, i *Besten från avgrunden*: "Judendomen är ändå [...] en omistlig del av vår kristna västerländska civilisation, det eviga "kallet till Sinai" mot vilket mänskligheten om och om igen gör uppror".[109]

Exilen från landet Israel var för det judiska folket en lång process genom vilken judar, och därför också judiska värderingar, gradvis absorberades av deras värdnationer. Yosef Ben Matityahu, mer känd som Josephus Flavius, den romersk-judiske historikern, beskriver romarnas utvisning av judarna i början av exilen. I *Judarnas krig*, skriver Flavius:

> *"Och när han mindes att den tolfte legionen hade fått ge vika för judarna, under deras general Cestius, drev han ut dem ur hela Syrien, de hade tidigare legat vid Raphanea, och sände iväg dem till en plats kallad Meletin, nära Eufrat som ligger vid gränsen mellan Armenien och Kappadokien".[110]*

I kapitel 3 utvecklar Flavius det vidare:

> *"Då den judiska nationen är vitt spridd över hela den befolkade jorden, bland dess invånare, är de väldigt uppblandade med Syrien på grund av dess grannskap, och de*

hade den största folkmassan i Antioch med anledning av stadens storlek, där kung-
arna, efter Antioch, hade gett dem en lugn och ostörd plats att bo på".[111]

Yaakov (Jakob) Leschzinsky berättar i The Jewish Dispersion att judar-
na idag har spridits över hela världen och det förvånansvärt snabbt.
Han skriver:

> *"När vi söker igenom judarnas diaspora runt hela jordgloben och i hela den civilise-*
> *rade världen, blir vi förvånade över att se att denna nation, som är den nästan*
> *äldsta i världen, i sanning är den yngsta när det kommer till landet under dess fötter*
> *och himlen ovanför dess huvud. På grund av obarmhärtiga förföljelser och påtvingade*
> *utvisningar, är de flesta judar som färska nykomlingar i sina respektive hemländer.*
> *Nittio procent av det judiska folket har bara bott i sina nya hemländer mellan fem-*
> *tio och sextio år! [Judarna] är spridda i över hundra länder på alla fem kontinen-*
> *ter".[112]*

Intressant är att deras sammanblandning med andra nationer är just
det som behövs för att fullborda Moses korrigeringar. Även om det
är sant att så länge Israel var separerat från andra nationer, kunde
inte de ovan nämnda lärosatserna bli befläckade, är det också sant
att judarna hade mycket att vinna på sin exil bland nationerna. Det
här är anledningen till att det i Psaltaren (106:35) berättas för oss att
judarna var i exil för att "blanda sig med nationerna och lära sig av
deras handlingar".

Adam – den första människan, den kollektiva själen

ARI förklarar att vi alla i själva verket är delar av en enda själ, känd
hos kabbalister som *Adam HaRishon* (den första människan) och hos
de flesta människor känd som Adam. ARI säger att exilen inträffade
som en fortsättning på korrigeringsprocessen. I *Shaar HaPsukim*
[Port till verserna], skriver han:

> *"Adam HaRishon [Adam] innefattade alla själar och alla världar. När han syn-*
> *dade, föll alla själarna från honom till klipot [skal, former av egoism], vilka dela-*
> *des i sjuttio nationer. Israel måste vara i exil där, i var och en av nationerna och*
> *samla de heliga själarnas liljor som skingrats bland törnen, som våra vise skriver i*
> *Midrash Rabba, 'Varför var Israel i exil bland nationerna? För att lägga till ut-*
> *länningar till sig själva"'.[113]*

I det avseendet skrev NATZIV av Volojin att "det började på berget Ebal [...] men exil och att spridas omkring var det enda som fullbordade detta upphöjda ämne".[114]

Det är av en god anledning som exil är nödvändig för att fullborda korrigeringen av judarna och därefter hela världen. Vi har tidigare sagt att när Abraham erbjöd korrigeringsmetoden till sina landsmän, förkastade de den eftersom de var alltför upptagna med att vara njutningslystna och egoistiska. Och ändå, om vi alla är delar av en kollektiv själ, som ARI påpekade, så kommer *vi alla* slutligen att behöva uppnå korrigering, genom vilken vi kommer att upptäcka Skaparen och bli lika Honom. Som det beskrivs i kapitel två, är detta förmånen som Han avsåg att ge mänskligheten.

Abrahams korrigering var bara början på processen och definitivt inte slutet. I en lång och väl utarbetad essä med titeln *Och de byggde förrådsstäder* skriver Baal HaSulam: "Vi måste också förstå det Abraham patriarken frågade 'Varigenom ska jag veta att jag ska besitta det?' (Första Mosebok 15:8) Vad svarade Skaparen? Det står skrivet 'Och Han sade till Abraham: Vet med säkerhet att de av din säd skall bli en främling i ett land som inte är deras'".[115] Baal HaSulam förklarar att med detta svar lovar Skaparen Abraham att *alla* människor kommer att nå korrigering genom att den korrigerade nationen – Israel – blandar sig med de okorrigerade nationerna – i detta fall representerade av Egypten.

Överraskande nog lovar Skaparen Abraham, som svar på hans fråga, exil. Och inte bara det, skriver Baal HaSulam, Abraham "accepterade det som en garanti för att ärva landet".[116] Abraham visste verkligen att det var nödvändigt att blanda begären – representerade av de olika nationerna i världen – för att kunna slutföra korrigeringen av mänskligheten. Med tanke på att var och en av nationerna utgör en del av Adams själ, är det nödvändigt att varje del av själen introduceras i korrigeringsmetoden, och för den delen av själen att slutligen anta den. Det här är anledningen till att Israel behövde tvingas i exil och spridas över hela världen.

Som en del i utökandet av korrigeringsprocessen för mänskligheten, gick Abraham i exil i Egypten, där hans stam hade växt till en nation. Och när den israeliska nationen gick i exil efter det första och det andra templets förstörelse, var det det som introducerade korrigeringsmetoden till hela världen.

Även om metoden uppenbarligen inte har antagits av resten av mänskligheten, har den ändå planterat de grundsatser vi redan nämnt, dogmer som bildar en gemensam grund på vilken korrigeringsprocessen kan börja så fort människor börjar söka den.

I *Arvut (ömsesidig garanti)*, detaljerar Baal HaSulam processen med vilken den israeliska nationen korrigerar sig själv först, för att sedan förmedla korrigeringen till resten av nationerna. Med hans egna ord:

> *"Rabbi Elazar, son till Rashbi [Rabbi Shimon Bar-Yochai], klargör detta arvutbegrepp ännu mer. Det räcker inte för honom att hela Israel är ansvariga för varandra, utan hela världen är inkluderad i Arvut. ... Alla medger att till att börja med är det tillräckligt att en nation följer Toran [lagen om givande] för att börja med korrigeringen av hela världen. Det var omöjligt att börja med alla nationer på en gång, då de säger att Skaparen kom med Toran till varje nation och tunga och de ville inte ta emot den. Med andra ord, försjönk de i [...] egenkärlek [...] tills det blev omöjligt att på den tiden ens tänka sig att fråga om de gick med på att överge egenkärleken.*

> *[...] Men det enda som tar oss till den slutgiltiga korrigeringen av världen är att samla alla folk i världen under Hans arbete, som det står skrivet; 'Och Herren skall vara Konung över hela jorden, ja, på den tiden ska Herren vara En och hans namn Ett' (Sakarias 14:9) ... 'Och alla nationer skall strömma till honom' (Jesaja 2:2)*

> *Men Israels roll mot resten av världen liknar rollen våra Heliga fäder hade mot nationen Israel. Liksom våra fäders rättfärdighet hjälpte oss att utvecklas och renas för att bli värdiga att ta emot Toran [lagen om givande] [...] ligger det hos den israeliska nationen att genom Tora och Mitzvot [korrigeringen av egot] kvalificera sig själv och alla människor i världen till att utvecklas tills de tar på sig det sublima arbetet av kärlek till andra, vilket är stegen som leder till hela syftet med skapelsen, att vara i dvekut [likhet/formlikhet] med Honom".[117]*

Likaså skriver Baal HaSulam i sin essä *En tjänarinna som är arvinge till sin husmor* att "Israels folk, som har valts som utövare av det allmänna ändamålet och korrigeringen [...] besitter förberedelsen som behövs för att växa och utvecklas tills det får även övriga nationer i världen att nå det gemensamma målet".[118]

Baal HaSulam och hans son Rabash må ha varit de senaste kabbalisterna som påstått att Israels roll i världen är att bringa korrigeringsmetoden till resten av nationerna, men de var sannerligen inte de första. Otaliga rabbiner, kabbalister och lärda från så långt tillbaka i tiden som det andra templets förstörelse har sagt samma sak.

Likaså säger *Midrash Rabba* att "Israel bringar ljus till världen",[119] och den babyloniska Talmud tillägger att "Skaparen agerade rättfärdigt mot Israel, efter att ha spritt ut dem bland nationerna".[120] Rabbi Yehuda Altar, *ADMOR* av Gur skrev: "Varje gång Israels barn går i exil, är det enbart för att framkalla heliga gnistor i nationerna [liknande de ord som ovan citeras av Baal HaSulam]. Israels barn är garanter i det att de tog emot Toran för att korrigera hela världen, även nationerna".[121]

Likaså skriver Rabbi Hillel Tzaitlin:

> *"Om Israel är den enda sanna förlösaren i hela världen, måste det vara lämpligt för det. Israel måste först förlösa sin egen själ, det heliga i själen, heligheten av sin Shechina [Gudomlighet]. [...] På grund av det ändamålet vill jag med denna bok etablera 'Israels enhet' [...] Om det blir grundlagt, kommer enandet av individer ske i syfte av inre uppstigning och en åkallan för att korrigera allt ont i nationen och i världen".[122]*

Jag vill avsluta det här kapitlet med ytterligare några av Baal HaSulams ord, som i några stycken detaljerat visar syftet med skapelsen, mänsklighetens rättighet till det och Israels roll för att uppnå det. Han skriver:

> *"Varför gavs Toran till den israeliska nationen utan deltagande av alla nationer i världen? I sanning, syftet med skapelsen gäller för hela den mänskliga rasen, ingen utesluten. Men på grund av lågheten i skapelsens natur [varande egoistisk] och dess makt över människor, var det omöjligt för människor att förstå, bedöma och gå med*

på att höja sig över den. De visade inte något begär av att ge upp egenkärleken och nå formlikhet, vilket är vidhäftande med Hans egenskaper, som våra vise sa 'Eftersom Han är barmhärtig, var även du barmhärtig'.

Således, på grund av deras förfäders förtjänst [exemplen med Abraham, Isak och Jakob], lyckades Israel [...] och blev kvalificerade och dömde sig själva till förtjänstens vågskål [korrigerade sig själva och blev lika Skaparen]. Varje medlem i nationen gick med på att älska sina medmänniskor [vilket är sättet på vilket de uppnådde korrigeringen].

[...] Men den israeliska nationen var menad att vara en 'övergång', vilket innebär att i den mån Israel renar sig själva genom att följa Toran [lagen om givande], ger de sin kraft till resten av nationerna. Och när resten av nationerna också dömer sig själva till förtjänstens vågskål [korrigerar sig själva genom att avstå egoism], kommer Messias [den slutgiltiga korrigeringen] att uppenbaras. Detta beror på att Messias roll inte bara är att kvalificera Israel till det yttersta målet av vidhäftande med Honom, utan att lära ut Guds vägar [givande] till alla nationer, som det står skrivet 'Och alla nationer strömmade till Honom'".[123]

Kapitel 5: Parior

(Rötterna till antisemitism)

Aldrig genom historien har ett folk varit mer förföljda än judarna. Aldrig genom historien har ett folk överlevt varje förföljelse *och* kommit ur dem starkare varje gång.

Den skenbara oförstörbarheten hos judarna har väckt många frågor. Om än mer bland icke-judar än bland judarna, då judarna var för upptagna med att överleva. Den kände tyske författaren Johann Wolfgang von Goethe uttryckte sin förvåning över judarnas envishet i sin bok *Wilhelm Meisters Lehrjahre (Wilhelm Meisters läroår)*:

> *"Varje jude, oavsett hur obetydlig, är engagerad i någon avgörande och omedelbar strävan efter ett mål [...] De är det mest beständiga folket på jorden".[124]*

Liksom Goethe, understryker Cambridge-professorn T.R Glover den judiska existensens gåta i *The Ancient World*:

> *"Inget forntida folk har haft en underligare historia än judarna. [...] Inget forntida folks historia skulle vara så värdefull, om vi bara kunde återfå och förstå den. [...] Än mer underligt är att judarnas forntida religion överlever när alla religioner från varje forntida ras av den förkristna världen har försvunnit [...] Den stora frågan är inte 'vad hände?' utan 'varför hände det?' Varför lever judendomen?"[125]*

Likaså skrev Ernest van den Haag, professor i rättsvetenskap och offentlig politik vid Fordhams universitet:

> *"I en värld där judar bara är en liten del av befolkningen, vad är hemligheten med den oproportionerliga betydelse judarna har haft i den västerländska kulturen?"[126]*

Den franske matematikern, fysikern, uppfinnaren och filosofen Blaise Pascal var fascinerad av det antika judiska folket. I sin bok *Pensees* (Tankar) skriver han:

> *"Detta folk är inte framstående endast på grund av sin bakgrund, utan är också ensamma om sin varaktighet, som alltid har fortsatt från deras ursprung till nu. För medan folken i Grekland och i Italien, i Lakedaimon, Aten och i Rom och*

55

andra som kom långt senare, för länge sedan gått under, har detta folk överlevt och trots alla ansträngningar hos många mäktiga kungar som ett hundratal gånger har försökt förgöra dem [...] har de ändå överlevt".[127]

I själva verket, som otaliga kända personer genom tiderna har noterat, kan inte judarna förintas. Judarna har ett uppdrag att fullfölja och tills de gör det, kommer Naturen, Gud, Skaparen, Yahweh eller vad man nu väljer att kalla Honom, inte att låta det hända. Men ändå, så länge judarna fortsätter att undvika sin avsedda uppgift, kan de säkerligen bli, har blivit och kommer att bli torterade och slaktade *nästan* till utrotning. För att riva upp rötterna av den judiska *Via Dolorosa* genom historien, behöver vi resa tillbaka i tiden till början av skapelsen.

I kapitel två konstaterade vi att Skaparen bara har en önskan – att göra gott till sina skapelser, nämligen oss människor. Men eftersom vi idag inte har någon uppfattning om Honom, kan vi inte ta emot från Honom.

När vi vill ge en present till en vän, närmar vi oss vännen och ger presenten till honom/henne. Det måste finnas kontakt mellan givaren och mottagaren. Just så måste även Skaparen och skapelsen ansluta för att Han ska kunna ge till oss. Och när anslutningen uppenbarar sig blir det, som vi citerade Baal HaSulam, så här:

"Man känner den underbara gåva som Skapelsetanken innehåller, vilken är att glädja sina skapelser med Sin fulla, goda och generösa hand. På grund av överflödet i gåvan man uppnår, uppstår underbar kärlek mellan en själv och Skaparen, ett oavbrutet flöde till en, från de vägar och kanaler där naturlig kärlek framträder. Allt detta kommer till en från ögonblicket av insikt och vidare framåt".[128]

Detta, som vi sa i kapitel två, väcker behovet av "formlikhet", det vill säga att bli som Skaparen, som har karaktären av att ge. Tyvärr har de allra flesta av oss inget begär efter det; vi ogillar starkt att ge om vi inte har något underliggande att tjäna på det, en baktanke för att göra det. Den store uttolkaren av Bibeln, RASHI, skrev att versen "Böjelsen i en människas hjärta är ond allt ifrån ungdomen" (Första Mosebok 8:21) betyder att "Genast efter att man pressas ut ur sin moders mage, planterar Han [Skaparen] den onda böjelsen i en", vilken är, som sagts i kapitel 3, begäret att ta emot för egen vinning.

Om vi överväger att Skaparen är välvillig och att vi är det motsatta, verkar konflikten mellan människa och Gud därmed oundviklig. Hur kan vi någonsin nå Honom om Han har gjort oss till Sin raka motsats? Botemedlet mot egoismen ligger i det vi tidigare beskrivit som "punkten i hjärtat". Törsten efter att förstå vad livet handlar om, och vad som får världen att gå runt (och det är inte pengar), är den längtan som gjorde det möjligt för Adam, Abraham och hans avkomma, Moses, och hela den nation som uppstod ur pariorna från Babylon, att utveckla en korrigeringsmetod som omvandlar den onda böjelsen till godhet.

Symboler för en inre kollision

Man kan argumentera om huruvida Bibeln, Gamla Testamentet, är en genuin historisk dokumentation av händelser. Men de stora vise i Israel har genom tiderna inte haft några bekymmer med Bibelns historiska betydelse. Snarare såg de den som en allegori som skildrar inre, andliga processer som man upplever längs vägen till korrigering. För dem representerar Nimrod, kung av Babylon, *meridah* [heb. uppror], uppror mot kvaliteten av givande som är Skaparen; Farao står som en symbol för den onda böjelsen, och det gör även Haman, om än i ett senare skede av ens andliga utveckling.

Det är anledningen till att RASHI tolkar den babyloniska Talmud som följer: "Hans namn var Nimrod för han *himrid* [hetsade] hela världen mot Herren".[129]

Beträffande Farao förklarar Maimonides tillgivet "Du skall veta, min son, att Farao, kung av Egypten, i själva verket är den onda böjelsen".[130] Liknande skriver Elimelech av Lizhensk, författare till *Noam Elimelech (Elimelechs välbehag)* "Farao, som kallas 'den onda böjelsen'".[131]

57

Rabbi Jacob Joseph Katz lade till djup i betydelsen av Farao. Han förklarade att orden "Farao hade släppt folket" (Andra Mosebok 13:17) avser den fas i ens andliga utveckling då man bryter sig fri från den onda böjelsens tunga fjättrar. Med hans ord:

"Och när Farao hade släppt folket' – när ens organ lämnar den onda böjelsens makt, som under uttåget ur Egypten, kommer de ut ur de fyrtionio portarna av Tuma'a [orenhet, egoism] och går mot helighet [givande]".[132]

I samma bok, lägger Rabbi Katz till sina insikter om Haman: "Hamans instruktion att göra en femtio alnar hög galge är den onda böjelsens råd".[133] På liknande vis skriver Rabbi Jonathan Eibshitz i sin bok *Yaarot Dvash* (Bikakor) om "Haman, som är den onda böjelsen [...]"[134]

På senare tid har kabbalister och judiska lärde börjat känna att tiden är knapp och att tiden för korrigering närmar sig. De började indirekt och ibland direkt lägga till uppmaningar till sina ord. Således gjorde Rav Yehuda Ashlag, som kände att tillämpningen av korrigeringsmetoden var brådskande nödvändig, en direkt koppling mellan att övervinna den onda böjelsen och hur det ska uppnås idag – genom enhet. I en essä med titeln *Det finns ett särskilt folk* säger Baal HaSulam:

"Det finns ett särskilt folk skingrat utomlands och spritt bland folken.' Haman sade att enligt hans uppfattning, kommer vi [Hamans folk] att lyckas med att förgöra judarna därför att de är separerade från varandra, så vår styrka mot deras kommer säkerligen att segra, därför att detta [separationen mellan dem] orsakar separation mellan människa och Gud".[135]

Det vill säga att judarnas egoism separerar dem från egenskapen av givande, Skaparen, så att kraften i egot, den onda böjelsen, "säkerligen kommer att segra".

"Det var därför" fortsätter Baal HaSulam "som Mordechai försökte rätta till felet, som det förklaras i versen att 'Judarna samlades...' för de behövde komma samman och stå upp för sina liv. Med det menas att de räddade sig själva genom enhet".[136]

Vi kan därför dra slutsatsen att oavsett om Nimrod, Farao, Balak, Balaam eller Haman verkligen existerade är det av mindre betydelse. Vad som *är* viktigt är att de *egenskaper* som dessa karaktärer porträtterar finns inom oss och att Bibeln enbart berättar allegoriskt om stadierna genom vilka vi kan övervinna dem.

När vi segrar över dessa egoistiska egenskaper belönas vi med frälsning – kvaliteten av givande, formlikhet med Skaparen. Och på grund av att Skaparen vill göra oss gott kommer dessa karaktärsdrag, när vi väl har korrigerat dem inom oss, inte längre att hemsöka oss, då vi har blivit befriade från egoismen och förvärvat Hans kvaliteter av givande.

Om någon av dem levde i dag skulle vi säkerligen kalla dem antisemiter av värsta sorten. I detta avseende gjorde Rav Kook en mörk (och sann) förutsägelse genom att dra en direkt koppling mellan modern antisemitism och biblisk sådan. I en ganska oortodox mening skriver han:

> *"Amalek, Petlura [en ukrainsk ledare som misstänktes för antisemitism], Hitler med flera, väcker upp till frälsning. Den som inte hörde ljudet från den första Shofar [en symbol för kallelse till frälsning], eller ljudet av den andra [...] därför att hans öron var stängda, kommer att höra ljudet av den orena Shofar, den oheliga [ej kosher]. Han kommer att höra mot sin vilja".[137]*

Två vägar – en lycksalig, en smärtsam

Tillståndet av fullständig frälsning – uppnåendet av Skaparen hos hela mänskligheten – är obligatoriskt. Baal HaSulam säger att det finns två sätt att nå det på: Torans väg, då vi frivilligt tar till oss lagen av givande som vårt sätt att leva, eller vägen av lidande, som innebär att verkligheten ändå tvingar oss att göra lagen om givande till vår väg.[138]

Hur tvingande orden från de två samtida vise må låta, vilar de på en solid grund. Ur Talmud:

> *'Rabbi Eliezer säger 'Om Israel ångrar sig, sonas de. Om inte når de inte frälsning.' Rabbi Yehoshua sade till honom, 'Om de inte visar ånger, sonas de inte, utan*

Herren kommer att inrätta en kung över dem vars förordning är lika hård som Hamans, Israel kommer att ångra sig och han kommer att omvända dem"'.[139]

Även den betydelsefulla händelsen vid foten av berget Sinai, då vi kollektivt tog emot Toran med en spektakulär audiovisuell show, var tydligen inte så glad eller festlig som den har beskrivits. Talmud berättar för oss att omständigheterna var sådana att det inte fanns mycket vi kunde göra annat än att ta emot den. Med dagens terminologi skulle vi säga att Skaparen gav oss ett erbjudande som vi inte kunde tacka nej till:

"Det står skrivet 'Och de stod vid foten av berget'. Rav Dimi Bar Hama sade att med det menades att Herren hade tvingat berget över Israel som ett gravvalv och sagt till dem: 'Om ni accepterar Toran [lagen om givande] är det bra, men om inte blir det er grav"'.[140]

Ingen har sagt att det är lätt att ha förstfödslorätt. Men judarna, ättlingar av Abrahams klan, har just det. De var de första att uppnå ändamålet med skapelsen, därför är det naturligtvis upp till dem att visa vägen för resten av mänskligheten. Så länge vi undviker detta åtagande, kommer vi att möta förkastelse från alla nationer.

Världens läkare

Föreställ dig att du har hittat en serie övningar som läker cancer och förhindrar den från att någonsin komma tillbaka. Föreställ dig att du berättat för världen om det Abraham gjorde i Babylon, men du avvisades för att övningarna var monotona och tröttande och ingen egentligen mådde dåligt.

Föreställ dig nu att flera år senare har miljoner människor cancer runt om i världen. De minns vagt att du sa att du hade en kur och i sin desperation vänder de sig till dig, bedjande till dig att du ska rädda deras liv. Men du har glömt allt. Du vet att kuren existerar, du vet att många människor sa att den var ett kraftfullt botemedel (*sgula*), men eftersom du känner dig stark och frisk ser du ingen anledning att lära dig de övningarna igen, ännu mindre lära ut dem till miljoner människor. Kan du föreställa dig hur världen skulle känna för dig, vad människor skulle tänka och vad de skulle göra?

Det är precis där vi judar befinner oss i relation till världen. Världen börjar känna sig sjuk och människor börjar leta efter en väg ut ur sin svåra situation. De vet att vi är det utvalda folket och att vi är de som är menade att komma med frälsning. Människor kanske inte vet att frälsningen medför att de måste förändra sin natur till givande, men de vet att de vill ha frälsning.

Verser ur Nya testamentet som "Ni tillber det ni inte känner till; vi tillber det vi känner till, för frälsningen kommer från judarna"[141] och "Vilka fördelar har judarna? [...] Stora på alla sätt. Först och främst anförtroddes de Guds ord".[142] Detta är bara två av oräkneliga uttalanden om judarnas unika position och roll, som man kan se i kristna skrifter. När vi inte utför vårt uppdrag drar vi oavsiktligt till oss ilska och hat, vilket leder till det vi nu betraktar som antisemitism.

Att vi är annorlunda och unika finns dokumenterat i historien, på våra skrifters sidor, i kristna och islamska texter, och i otaliga lärdes och auktoriteters texter. Nedan återfinns några av de oräkneliga utdrag från kända individer som uttrycker sin syn på det unika med judarna:

Winston Churchill, premiärminister i Storbritannien under andra världskriget:

"Vissa människor gillar judarna, medan andra inte gör det. Men inte någon eftertänksam människa kan förneka att de i själva verket är, bortom allt tvivel, den mest formidabla och mest anmärkningsvärda ras som har uppkommit i världen".[143]

Lyman Abbott, en amerikansk kongregationalistisk teolog, redaktör och författare:

"När våra egna kristna fördomar ibland flammar upp mot det judiska folket, låt oss då komma ihåg att allt vi har och allt vi är, har vi att tacka, under Gud, judendomen för".[144]

Huston Smith, en religionprofessor i USA, författare till *The World's Religions*, som har sålt i fler än två miljoner exemplar:

"Det finns en slående punkt som går genom hela den judiska historien. Den västerländska civilisationen föddes i Mellanöstern och judarna var dess vägskäl. Under Roms glansdagar var judarna nära imperiets centrum. När makten skiftade mot öster var judarnas centrum i Babylon; när det vände mot Spanien var judarna återigen där. Under medeltiden flyttades civilisationens centrum till Centraleuropa, judarna väntade på den i Tyskland och Polen. Då USA tog över som ledande världsmakt var judendomens fokus där. Och nu, i dag, när pendeln tycks svinga tillbaka till den Gamla världen och Öst på nytt ökar i betydelse, är judarna återigen i Israel".[145]

Leo Tolstoy, den ryske romanförfattaren, författare till *Anna Karenina*:

"Vad är juden? [...] Vilken typ av unik varelse är det som alla nationers härskare har vanärat och krossat, utvisat och förstört, förföljt, bränt och dränkt och som trots sin ilska och sitt raseri fortsätter att leva och blomstra. Vad är den här juden som de aldrig har lyckats förleda med alla lockelser i världen, vars förtryckare och förföljare bara föreslagit att han skulle förneka (och förskjuta) sin religion och förkasta sina förfäders trofasthet?!

Juden är en symbol för evigheten. [...] Han är den som under lång tid har vaktat det profetiska budskapet och överfört det till hela människosläktet. Ett folk som detta kan aldrig försvinna. Juden är evig. Han är förkroppsligandet av evigheten".[146]

Vi är verkligen symbolen för evigheten, som Tolstoy sa, därför att Skaparens kvalitet av välvilja finns i våra "andliga gener". Och ändå kommer vi inte att bli lämnade i fred, som i exemplet med cancern och de helande övningarna, förrän vi medvetet höjer oss själva till den andliga nivån och direkt därpå lyfter hela mänskligheten.

Som konstaterats och citerats ovan, har nu tiden kommit för den allmänna korrigeringen. Vid en sådan tidpunkt blir händelser inkluderande, globala. Så var fallet med första världskriget och ännu mer så med andra världskriget, vars grymheter är inbäddade i vårt kollektiva minne för att påminna oss om vilka vi är och vad vi är menade att åstadkomma.

För att undvika sådana katastrofer i framtiden, behöver vi ta en närmare titt på några förslag och uttalanden som gavs före och efter förintelsen. Nästa kapitel kommer att belysa dessa uttalanden och deras samband med våra liv i dag. När vi vet vad som blivit sagt, kommer vi kunna inse vad vi behöver göra för att hjälpa oss själva och för att hjälpa världen.

Kapitel 6: Överflödiga

(Samtida antisemitism)

I första kapitlet sa vi att Abraham upptäckte att den inneboende egoismen i människans natur är i ständig expansion. Metoden han kom på var inte avsedd att bromsa egoismen eftersom han visste att det var omöjligt, då människan skapades för att ta emot gränslöst. Hans enda fråga var därför hur man frikostigt tar emot det avsedda goda. Abraham upptäckte en metod där människor, genom att studera och sträva mot enhet, höjdes till en ny perceptionsnivå. Här förvärvade de Skaparens natur – välvilja – och kunde därför ta emot den gränslösa njutningen utan att bli alltför eftergivna och farliga för sig själva eller omgivningen.

Uttåget ur Egypten och bildandet av nationen Israel markerade en fem sekel lång fas av att ta form. Under den tiden gick Israel från att vara en grupp, bestående av familj och studenter, till att bli en hel nation vars mål var att uppnå Skaparen.

Samtidigt som man försökte nå den högsta andliga nivån, drog sig hebréerna aldrig undan från sin ursprungliga avsikt att erbjuda sina iakttagelser till hela mänskligheten. Detta skulle bli deras bidrag till nationerna, "ljuset" de var ämnade att ge dem. Genom generationer är den gåvan av "ljus" det nationerna har försökt få från judarna och bristen på det har varit orsaken till vårt lidande i nationerna.

I prologen till sin bok, *A History of the Jews* (En judarnas historia), beskriver Paul Johnson, kristen historiker och romanförfattare, frågorna som drev Abraham till sina upptäckter, samma frågor som driver mänskligheten än i dag. Johnson porträtterar sin vördnad för judarnas förmåga att upptäcka svaren på dessa frågor, leva efter de åtföljande lagarna och deras ansträngningar för att lära ut dem till andra. Med hans ord:

"Boken gav mig en chans att objektivt ompröva, mot bakgrund av en studie som omfattar nästan 4 000 år, den mest svårlösta av alla mänskliga frågor: varför finns vi på Jorden? Är historien bara en serie händelser vars resultat är meningslöst? Finns det ingen fundamental moralisk skillnad mellan den mänskliga rasens historia och, låt oss säga, myrors historia? Eller finns det en försynens plan, där vi, om än ödmjukt, är agenterna? Inget folk har mer orubbligt än judarna insisterat på att historien har ett syfte och mänskligheten ett öde. På ett mycket tidigt stadium i deras kollektiva existens trodde de att de hade upptäckt en gudomlig ordning för den mänskliga rasen, där det egna samhället skulle vara en föregångare. De utarbetade sin roll i varje liten detalj. De klamrade sig fast vid den med heroisk uthållighet under åsynen av svårt lidande. Många av dem tror fortfarande på den. Andra har förvandlat det till Prometeiska strävanden för att höja vårt tillstånd genom rent mänskliga medel. Den judiska visionen blev prototypen för många liknande storslagna idéer för mänskligheten, både gudomliga och mänskliga. Judarna står därför mitt i centrum av ständigt återkommande försök att ge det mänskliga livet värdigheten av att ha ett syfte".[147]

Olycksbådande tecken

Och ändå, vid början av 1900-talet hade judarna kommit så långt ifrån sitt avsedda kall, att de i stort antingen helt upptagits av att noggrant observera de praktiska buden, alltså att de hade glömt eller förkastat deras inre innebörd, eller helt uppslukats av världsliga materiella begär och glömt eller förkastat sitt oåterkalleliga uppdrag. I en tid när egoismen nått nivåer som hotade världsfreden, var ingen av vägarna önskvärd och några av nationens stora andliga ledare började varna för att tiden var knapp, att vi måste vakna upp till vårt uppdrag och genomföra det innan katastrofen blev ett faktum.

Den store lärde humanisten och kabbalisten, Rav Avraham Yitzhak HaCohen Kook, försökte desperat att göra judarna uppmärksamma på den växande antisemitismen. Han varnade för att inget land i världen skulle vara tryggt för dem och att Israel var det enda säkra alternativet. I efterhand är innehållet i hans föraning alarmerande och ger oss en inblick i djupet av dessa människors klarsynthet.

Den avhandling i vilken han bönföll judarna att komma till Israel kallades *Det stora utropet för landet Israel*. Notera inte bara hans vädjan utan också hans varning när det kommer till judarnas eventuella framtid i sina hemländer:

"Kom till landet Israel, underbara bröder, kom till landet Israel. Rädda era själar, era generationers själar, och hela vår nations själ. Rädda den från ödeläggelse och glömska; rädda den från förfall och nedbrytning; rädda den från orenhet och ogudaktighet, från alla besvär och svåra situationer som kan drabba den i alla nationers länder utan undantag.

'Kom till landet Israel!' ska vi ropa ut med en hög och sublim stämma, med ljudet av åska och en stor röst, en röst som rör upp stormar och får himmel och jord att skälva, en röst som river varje mur i hjärtat. Spring för era liv och kom till landet Israel. Herrens röst kallar oss, Hans hand är utsträckt för oss, Hans ande finns i våra hjärtan och Han samlar oss, uppmuntrar oss och tvingar oss alla att ropa ut högt med en fruktansvärd och mäktig röst: 'Våra bröder, Israels barn, kära älskade bröder, kom till landet Israel. Samlas en efter en, vänta inte på order och formella ord; vänta inte på tillstånd från namnkunniga. Gör allt du kan, fly och kom samman, kom till landet Israel. Bana väg för vår älskade och förtryckta nation. Visa den att vägen redan är banad, utsträckt framför den. Den får inte vila; den kan inte kräva något; den har inte många vägar och rutter. Det finns en väg framför den och det är den som ska marscheras; det är den som måste marscheras, speciellt för landet Israel'".[148]

Rav Kook var inte ensam med sin oro. I Polen befann sig en briljant ung *dayan* (ortodox domare) i Warszawa – vid den tiden den största och mest framstående judiska gemenskapen i Europa – som inte nöjde sig med att bara offentligt tillkännage att alla judar måste fly från Europa. Rav Yehuda Ashlag kom senare att bli en känd uttolkare av *Zohar*, men nu arrangerade han inköp av 300 träskjul från Sverige och en plats för dem att uppföras på i landet Israel (som då kallades "Palestina").

Tyvärr omintetgjordes hans plan av ledare från den judiska församlingen i Polen. Den tragiska konsekvensen av Ashlags misslyckande att få med sig sina judiska fränder, var att av alla judar som övervägde att följa med Ashlag var det bara han och hans familj som till slut emigrerade. De övriga familjerna stannade kvar i Polen och gick under i förintelsen.[149]

Både Rav Kook och Rav Ashlag (Baal HaSulam) uttryckte hur de uppfattade nazismens framåtskridande mot makten och speciellt Hitler. Kom ihåg att Rav Kook dog 1935, redan fyra år *innan* andra världskriget bröt ut. Nedan finns Rav Kooks ord (redigerade för att göra dem mer lättlästa, med tanke på textens längd och dess anakronistiska stil).

"*Profeten förutspådde en stor shofar för försoning [en shofar är en bagges horn som det blåses i vid festliga tillfällen, men också en stridstrumpet]. Vi ber särskilt för blåsandet i en stor shofar. Det finns flera grader av en försoningens shofar – en stor shofar, en medium shofar och en liten shofar. Messias shofar anses vara Rosh Hashanas [det hebreiska nyårets] shofar. Halachah [judisk lag] skiljer mellan tre grader i Rosh Hashanas shofar: 1) En shofar för Rosh Hashana som är gjord av en bagges horn 2) I efterhand är alla shofar kosher 3) En shofar från en oren best, liksom en shofar från bestar av avgudadyrkan från en icke-kosher icke-jude. Emellertid, om någon har blåst i en sådan shofar, har den personen gjort sin plikt.*

Det är tillåtet att blåsa i vilken shofar som helst, kosher eller inte, så länge man inte välsignar över den, och graderna som finns förklarade i lagen om Rosh Hashanas shofar sammanfaller med graderna hos försoningens shofar.

Men vad är en försoningens shofar? Med termen 'Messias shofar' hänvisar vi till uppvaknandet och dragkraften som orsakar väckelse och försoning hos Israels folk. Det är detta uppvaknande som samlar de vilsekomna och de förkastade och leder dem till det heliga berget i Jerusalem.

Genom generationerna har det i Israel funnits de som känt det uppvaknande som kommer från begäret att utföra Guds vilja, vilket är Israels totala försoning [som för alla av Israel till givandets kvalitet]. Det är den sköna och stora shofar, folkets begär att bli försonade.

Ibland krymper begäret och ivern över sublima föreställningar av helighet är inte så innerlig. Emellertid består den sunda mänskliga naturen och får ett enkelt begär i nationen att etablera sitt styre i landet. Det naturliga begäret är det vanliga, medium shofar, som är närvarande överallt. Det är också fortfarande en kosher shofar.

Emellertid finns det en tredje grad av Messias shofar, vilken icke desto mindre är jämförbar med Rosh Hashanas shofar: det är den lilla, icke-kosher shofar, som blåses enbart om man inte kan hitta en kosher shofar.

Sålunda, om ivern efter helighet, och längtan efter försoning som härrör från den, nästan har försvunnit och om den naturliga inre önskan om ett nationellt liv också har minskat, och ingen kosher shofar finns att blåsa i, kommer Israels fiender och blåser i våra öron för vår försoning. De tvingar oss att beakta shofars röst; de varnar och skramlar i våra öron och ger oss ingen ro i exilen.

Således blir den nedriga bestens shofar Messias shofar. Amalek, Petlura [en ukrainsk ledare som misstänktes för antisemitism], Hitler med flera, väcker upp till frälsning. Den som inte hörde ljudet från den första shofar [en symbol för kallelse till frälsning], eller ljudet av den andra [...] därför att hans öron var stängda, kommer att höra ljudet från den orena shofar, den nedriga [ej kosher]. Han kommer att höra mot sin vilja. [...] Då det finns försoning i piskan, liksom i judarnas svåra situation, får man inte välsigna över en sådan shofar".[149]

Även Baal HaSulam skrev flera gånger om nazism, bland annat hur han trodde den skulle kunna omintetgöras. Med hans ord, "Det är omöjligt att stjälpa nazismen förutom med en altruistisk religion".[150] Notera att när Baal HaSulam talar om "altruistisk religion" menar han inte att vi ska utföra vissa ritualer eller beakta vissa beteenden. Istället menar han med "altruistisk religion" att man har förändrat sin natur till altruistisk. Samtidigt kommer människor att välja huruvida de vill stanna kvar i sin formella konfession eller inte, oavsett denna omvandling.

Baal HaSulam bestrider också uppfattningen att nazityskland var en engångsföreteelse. Det må ha varit den första, men han trodde att om vi inte gör det vi måste blir det inte den sista. Med hans ord:

"Det verkar som att folk felaktigt tror att nazism bara är en tysk utlöpare [...] alla nationer är lika i det och det är fullständigt meningslöst att hoppas att nazisterna kommer att förgås genom de allierades seger, för i morgon kommer anglosaxarna att omfamna nazismen [...]".[151]

I ljuset av den kraftigt tilltagande antisemitismen i världen, skulle det vara klokt att allvarligt överväga orden från dessa vise män. När allt kommer omkring kan vi tydligt se att antisemitismen inte har försvunnit, inte heller nazismen eller uppmaningen att göra sig av med judarna.

Vad de behöver och vad vi ger

Av allt att döma verkar det som om världen är otacksam för judarnas bidrag till förmån för mänskligheten genom vetenskap, utbildning, ekonomi, sociologi, psykologi, ja praktiskt taget alla delar av livet. Hur som helst bör den skenbara otacksamheten fungera som en indikation på att det vi ger inte nödvändigtvis är vad de behöver av oss.

Faktum är att människor faktiskt erkänner det unika i det judiska folket, men det är vi som missbrukar detta unika genom att ge det vi vill ge, i stället för det de vill ta emot.

För att bättre förstå vad världen behöver av oss, ska vi titta på några av de mer graverande och gripande dokument som finns skrivna om judar. Ett bra exempel på ett sådant dokument är Henry Fords (grundare av Ford Motor Company) ökända bok, *The International Jew – The World's Foremost Problem*. Även om han gör grova generaliseringar fastställer boken ofta poänger som är väl värda att övervägas. För att göra detta måste vi dock lägga undan vår förolämpning och verkligen undersöka Fords argument (betoningar i icke kursiv stil är redaktörens):

> *"Varje jude borde veta att i varje kristen kyrka där de gamla profetiorna tas emot och studeras, finns det ett stort uppvaknande intresse för det forntida folkets framtid. Man har inte glömt att vissa löften gavs till dem om deras roll i världen och man utgår från att dessa profetior kommer att uppfyllas.* Judarnas framtid [...] är intimt förknippad med framtiden för denna planet, *och till stor del ser den kristna kyrkan [...] en kommande restaurering av det Utvalda Folket. Om de flesta judar visste hur förstående och sympatiskt profetiorna om dem studeras i kyrkan och den tro som finns om att dessa profetior kommer att uppfyllas och att det kommer att resultera i* stora judiska tjänster till samhället i stort, *skulle de antagligen betrakta kyrkan på ett annat sätt".*[152]

Tidigare i boken skriver Ford, "Hela det profetiska syftet, med hänvisning till Israel, verkar ha varit den moraliska upplysningen av världen genom dess agerande".[153] Och på ett annat ställe lägger han till att "Samhället har en stor fordran mot [juden] att han [...] ska börja uppfylla [det] som hans exklusivitet på sätt och vis hittills inte gjort det möjligt för honom att fullfölja – den forntida profetian att alla jordens nationer skall välsignas genom honom".[153]

John Adams, Förenta Staternas andre president, uttalade sig också om vad han trodde att judarna har gett till världen. Med hans ord:

"Hebréerna har gjort mer för att civilisera människan än någon annan nation. Om jag vore ateist och trodde på blint evigt öde, så skulle jag fortfarande tro att ödet hade förordnat judarna att vara det viktigaste instrumentet för att civilisera nationerna. Om jag vore ateist av den andra sekten, vilka tror eller låtsas tro att allt sker av en slump, skulle jag tro att den slumpen hade beordrat judarna att bevara och sprida till hela mänskligheten läran om en högsta, intelligent, klok, allsmäktig härskare över universum, som jag anser vara den stora grundläggande principen av all moral och därmed all civilisation".[154]

Samuel Langhorne Clemens, mera känd under sin pseudonym Mark Twain, erkänner hur judarna utmärker sig på alla tänkbara områden, men även han hamnar till slut i en begrundan över källan till denna överlägsenhet:

"Om statistiken stämmer utgör judarna bara en procent av mänskligheten. Som en oklar dunkel puff av stjärnstoft förlorad i Vintergatans starka sken. Egentligen borde man knappt ha hört talas om juden, men man hör talas om honom, har alltid hört talas om honom. Han är minst lika framträdande på planeten som vilket annat folkslag som helst och hans kommersiella betydelse helt ur proportion till hans volym. Hans bidrag till världens lista över stora namn inom litteratur, vetenskap, konst, musik, ekonomi, medicin och högre utbildning sticker ut i förhållande till det lilla antalet. Han har kämpat storartat i den här världen, i alla tider; och har gjort det med händerna bakbundna. Han kan vara fåfäng av sig och ursäktas för det.

Egyptierna, babylonierna och den persiska rosen fyllde planeten med ljud och glans, bleknade sedan till drömstoff och försvann; grekerna och romarna följde därefter, ett stort oväsen och de var borta. Andra folk uppstod och höll facklan högt för en tid, men den slocknade och de befinner sig nu i skymning eller har försvunnit. Juden såg dem alla, besegrade dem alla och är nu vad han alltid varit, uppvisar ingen dekadens, ingen ålderssvaghet, ingen försvagning av sina delar, ingen avtagande energi, ingen avmattning av hans alerta och aggressiva sinne. Allt är förgängligt utom juden; alla andra krafter passerar, men han består. Vad är hemligheten med hans odödlighet?"[155]

Och slutligen finns det de som inte bara ser att judar är speciella i andlig mening, mer än i materiell, utan även detaljerar essensen av den andligheten: enhet. Så var fallet med Storbritanniens premiärminister under andra världskriget, sir Winston Churchill. I *Churchill och judarna* citerar författaren Martin Gilbert Churchill:

> *"Judarna var en lycklig gemenskap eftersom de hade gemenskapsanda, en anda av sitt folkslag och sin tro. [Churchill] skulle inte [...] be dem använda den andan i någon snäv eller klanlik mening, för att utestänga sig från andra [...] fjärran från deras sinnesstämning och avsikt, fjärran från de råd som givits dem av de mest berättigade att råda. Den personliga och speciella kraft de besatt skulle göra det möjligt för dem att ge en vitalitet till sina institutioner, som inget annat någonsin skulle kunna ge. [Churchill trodde uppriktigt att] en jude inte kan bli en bra engelsman om han inte är en bra jude".*[156]

Vi kan alltså se att det nationerna vill ha från judarna inte är briljans i forskning, finanser, eller någon av de andra delarna som nämns i citaten ovan. Vad världen behöver av oss är *andlighet*, nämligen, *möjligheten att ansluta till Skaparen*. Det är det här vi besuttit, och som ingen annan nation har, haft, kan eller är avsedd att besitta om vi inte återuppväcker det inom oss och för det vidare som ett ljus till nationerna. Så länge vi undviker att utföra detta uppdrag, kommer nationerna i stort att anse oss överflödiga, om inte rentav skadliga och säkerligen, som Ford sade, "världens främsta problem".

I onåd

För att demonstrera hur överflödiga världen kan tro att vi är, överväg följande fakta: 1938 var Adolf Hitler villig att skicka tyska och österrikiska judar till vem som än tog emot dem. Ingen gjorde det. Hitler förklarade att han bara kunde "hoppas och förvänta sig att den andra världen, som har sådan djup sympati för dessa kriminella [judarna], åtminstone kommer att vara generös nog att omvandla denna sympati till praktisk hjälp. Vi [Nazityskland], från vår sida, är redo att ställa alla dessa kriminella till dessa länders förfogande, vilka jag alla bryr mig om, även på lyxfartyg".[157]

Och ändå avböjde nationerna enhälligt att ta emot judarna. I juli 1938 samlades representanter för den fria världens flesta länder i Evian-les-Bains, en semesterort vid den orörda Genevesjöns södra strand i Frankrike. Deras mål var att diskutera och hitta lösningar på "judeproblemet", nämligen judarna som ville fly från Tyskland och Österrike innan det var för sent. De tyska och österrikiska judarna hade stora förhoppningar på konferensen. De trodde att de deltagande länderna genuint skulle försöka hjälpa dem och ge dem en fristad. De blev bittert besvikna.

Medan delegaterna på konferensen uttryckte empati för den svåra situation judarna hade under nazistregimen, gjordes inga åtaganden och man kom inte fram till några lösningar. I stället beskrev de konferensen som enbart en början, som sedan aldrig fortsatte. Diplomatiskt fastslog delegaterna att "den ofrivilliga utvandringen av människor i stort antal har blivit så stor att den gör rasistiska och religiösa problem mer akuta, ökar den internationella oron och allvarligt kan hindra processerna för att lugna internationella relationer".[158]

Men eftersom konferensen, sammankallad av USA:s president Franklin D. Roosevelt, samlades under förutsättningen att "inget land skulle tvingas att ändra sina invandringskvoter, utan istället bli ombedda att frivilligt vidta förändringar",[159] gav till ingens förvåning resolutionerna från konferensen nästan inget hopp för de desperata judarna i Tyskland och Österrike.

Enligt *Yad Vashem* – globalt centrum för forskning, dokumentation, utbildning och åminnelse angående förintelsen – Israels officiella organisation för åminnelsen av de judiska offren för förintelsen:

"Allteftersom konferensen fortsatte, ursäktade delegat efter delegat sitt land från att acceptera ytterligare flyktingar. USA:s delegat, Myron C. Taylor, fastslog att hans lands bidrag var att göra den tyska och österrikiska invandringskvoten, som fram till dess varit ofylld, fullt tillgänglig. Den brittiske delegaten förklarade att deras utomeuropeiska territorier i stort sett var olämpliga för europeiska bosättningar, med undantag för delar av Östafrika, som kunde erbjuda möjligheter för ett begränsat antal. Storbritannien själft, som var helt befolkat och led av arbetslöshet, var

också otillgängligt för invandring; och han uteslöt Palestina helt från diskussionen i Evian. Den franske delegaten fastslog att Frankrike hade nått 'den yttersta punkten av mättnad när det gäller mottagande av flyktingar'. De andra europeiska länderna upprepade samma sak, med endast smärre variationer. Australien kunde inte uppmuntra flyktinginvandring, då 'vi inte har något riktigt rasproblem, önskar vi inte importera ett'. Delegaterna från Nya Zeeland, Kanada och de latinamerikanska länderna angav lågkonjunkturen som ett skäl till att inte acceptera flyktingar. Endast den lilla Dominikanska republiken gick frivilligt med på att bidra med stora, men ospecificerade områden för jordbruks-kolonisering".

Några få månader efter konferensen hade dörrarna stängts och de europeiska judarnas öde förseglats.

Förklädd antisemitism

Medan förintelsens grymheter hjälpte den judiska bosättningen i Israel att vinna erkännande och medkänsla, och därmed den judiska staten Israel att grundas 1948, gjorde det väldigt lite för att rycka upp antisemitismens rötter. I stället förvärvade antisemitismen en ny form: "antisionism".

Det finns de som hävdar att antisionism skiljer sig från antisemitism. Tvärtom hävdar Baal HaSulam att hatet mot judar är just det, oavsett vilken form det tar. I sin kortfattade och direkta stil skriver han:

> *"Det är ett faktum att Israel är hatat i alla nationer, oavsett om det är på grund av religiösa skäl, rasistiska skäl, kapitalistiska skäl, kommunistiska skäl eller kosmopolitiska skäl. Det beror på att hatet föregår alla skäl, men var och en förstår sin avsky enligt sin egen psykologi".[160]*

Men som så ofta är fallet med judar kommer även våra största förespråkare från resten av världens nationer. Den amerikanske samhällsskribenten Eric Hoffer, som tilldelades presidentens frihetsmedalj och i vars ära Eric Hoffer Award instiftades, publicerade ungefär ett år efter sexdagarskriget 1967 ett öppet brev i *Los Angeles Times*. Kanske var det det faktum att Hoffer inte var judisk som gjorde det möjligt för honom att skriva så öppet om tillståndet för judarna i världen. Han skriver:

73

"Judarna är ett egendomligt folk. Saker tillåtna för andra nationer är förbjudna för judar. Andra nationer kör ut tusentals, till och med miljontals människor och det finns inget flyktingproblem. Ryssland gjorde det, Polen och Tjeckoslovakien gjorde det. Turkiet kastade ut en miljon greker och Algeriet en miljon fransmän. Man kan bara ana hur många kineser som kastades ut ur Indonesien och ingen säger ett ord om flyktingar. Men när det gäller Israel har fördrivna araber blivit eviga flyktingar. Alla insisterar på att Israel måste ta tillbaka varenda arab.

Arnold Toynbee [brittisk historiker] kallar förskjutningen av araberna ett illdåd större än något som begåtts av nazisterna.

Andra nationer, när de är segerrika på slagfältet, dikterar fredsvillkoren. Men när Israel segrar, måste de stämma för fred. Alla förväntar sig att judarna ska vara de enda verkliga kristna i den här världen.

Andra nationer - när de blivit besegrade – överlever och återhämtar sig, men skulle Israel besegras skulle de förstöras. Om Nasser [president i Egypten under sexdagarskriget 1967] hade segrat den sista juni skulle han ha utplånat Israel från kartan och ingen skulle ha lyft så mycket som ett finger för att rädda judarna. Inget åtagande till judarna från någon regering, inklusive vår egen [den amerikanska regeringen], är värt papperet det står skrivet på.

Ett rop av upprördhet drar över hela världen när människor dör i Vietnam eller när två afrikaner avrättas i Rhodesia. Men när Hitler slaktade judarna protesterade ingen mot honom. Svenskarna, som var beredda att bryta de diplomatiska förbindelserna med USA på grund av vad vi gjorde i Vietnam, sade inte ett pip när Hitler slaktade judar. De sände järnmalm och kullager till Hitler och servade tågen hans trupper åkte i till Norge.

Judarna är ensamma i världen. Om Israel överlever beror det enbart på judarnas ansträngningar och resurser. Ändå är just nu Israel vår enda tillförlitliga och ovillkorliga allierade. Vi kan lita mer på Israel än Israel kan lita på oss. Och man behöver bara föreställa sig vad som skulle ha hänt i somras om araberna och deras ryska uppbackare vunnit kriget, för att inse hur viktig Israels överlevnad är för USA och västvärlden i allmänhet.

Jag har en föraning som inte lämnar mig; som det går för Israel kommer det att gå för oss alla. Skulle Israel förgås kommer förintelsen att vara över oss".[161]

Ett annat anmärkningsvärt exempel på sympati avser den här gången debatten om huruvida den som motsätter sig sionismen också motsätter sig judar. Nedan är pastor Martin Luther King Juniors extraordinära ord, där han i ett brev till en vän förordar judarna i allmänhet och den judiska staten i synnerhet, med en så övertygande vältalighet Israels UD bara kan avundas.

Här är Martin Luther Kings "Brev till en antisionistvän":

"[...] Du hävdar, min vän, att du inte hatar judarna, du är bara 'antisionist'. Och jag säger, låt sanningen ringa ut från de höga bergstopparna, låt den eka mellan dalarna på G-D's gröna jord: När människor kritiserar sionismen, menar de judarna – detta är G-D's egen sanning.

Antisemitismen, hatet av det judiska folket, har varit och förblir en skamfläck i mänsklighetens själ. I detta är vi helt överens. Så vet också detta: antisionism är i sig antisemitisk och kommer alltid att vara det.

Varför är det så? Du vet att sionism inte är något mindre än drömmen om och det judiska folkets ideal att återvända till att leva i sitt eget land. Det judiska folket, som skrifterna berättar för oss, åtnjöt en gång ett blomstrande samvälde i det Heliga landet. Därifrån fördrevs de av den romerska tyrannen, samma romare som grymt mördade vår H-RRE. Fördrivna från sitt hemland, landet i aska, tvingade att vandra runt i världen, drabbades det judiska folket om och om igen av lidande under piskan från den tyrann som för tillfället härskade över dem.

[...] Vad lätt det skulle vara, för alla som högt värderar denna omistliga rättighet för hela mänskligheten, att förstå och stödja det judiska folkets rätt att leva i sitt forntida land, Israel. Alla med god vilja skulle jubla över fullföljandet av G-D's löfte om att Hans folk skulle återvända i glädje för att återuppbygga sitt plundrade land. Detta är sionism, varken mer eller mindre.

Och vad är antisionism? Det är att förneka det judiska folket en grundläggande rättighet som vi med rätta ger människorna i Afrika anspråk på och fritt beviljar alla andra nationer på planeten. Det är diskriminering av judar, min vän, därför att de är judar. I korthet, det är antisemitism.

Antisemiten jublar vid varje tillfälle att ventilera sin illvilja. Tiderna har gjort det impopulärt, i väst, att öppet proklamera hat för judar. När så är fallet, måste antisemiten ständigt söka nya former och forum för sitt gift. Som han ska frossa i den nya maskeraden! Han hatar inte judarna, han är bara en 'antisionist'!

Min vän, jag anklagar dig inte för avsiktlig antisemitism. Jag vet att du likt jag känner en djup kärlek för sanning och rättvisa och avsky för rasism, fördomar och diskriminering. Men jag vet att du har blivit vilseledd – som andra har blivit – till att tänka att du kan vara 'antisionist' och ändå hålla fast vid de innerliga principer du och jag delar. Låt mina ord eka i djupet av din själ: När människor kritiserar sionismen, menar de judarna – tro inget annat".[162]

Sedan sekelskiftet ungefär, har vi bevittnat en växande antisemitism i hela världen. En rapport från det amerikanska utrikesdepartementet bekräftar att:

"Den ökande frekvensen av och graden av våld under antisemitiska incidenter har sedan början av 2000-talet [...] tvingat det internationella samfundet att fokusera på antisemitism med förnyad kraft. [...] Under de senaste åren har incidenter varit mer målinriktade i sin natur med förövare som verkar ha den specifika avsikten att attackera judar och judendom".[163]

I vissa fall finns antisemitism där det inte finns några judar alls! En rapport med titeln *Antisemitism utan judar* av författaren, redaktören och fotografen Ruth Ellen Gruber, specificerar förekomsten av antisemitism i Europa, även där det inte finns några judar över huvud taget:

"Jag har blivit ombedd att diskutera fenomenet 'antisemitism utan judar' historiskt sett, men också inom ramen för det som har kallats den 'nya antisemitismen' som har manifesterat sig i Europa – och även på andra ställen [...] Jag måste säga att jag inte är riktigt bekväm med begreppet 'ny antisemitism'. Som London Jewish Chronicle uttryckte det i en ledare förra året är antisemitism en 'som sover lätt', lätt att väcka. Den hänvisas också ofta till som ett virus, ett skiftande virus som, liksom sjukdomsframkallande virus i människans kropp, är i stånd att mutera på ett opportunistiskt sätt för att besegra vilket försvar eller vilka antikroppar som än byggs upp mot det. Den har gjort det så många gånger, även i postförintelseländer vars judiska befolkning praktiskt taget är osynlig. Och den gör det nu".[164]

Kanske mindre förvånande, men ändå oroande, är fenomenet Malaysias formella antisemitism. Den 6 oktober 2012 publicerade Robert Fulford hos Kanadensiska *National Post* en artikel om Malaysias antisemitism, som sa att i Malaysia:

"ägnar politiker och tjänstemän förvånansvärt mycket tid till att tänka på Israel, 7 612 km bort. Ibland verkar de vara besatta av det. Malaysia har aldrig haft

någon konflikt med Israel, men regeringen uppmuntrar medborgarna att hata Israel och också att hata judar vare sig de är israeler eller inte".[165]

"Få malaysier har sett någon jude; den lilla judiska gemenskapen emigrerade decennier tidigare", skriver Fulford:

> *"Ändå har Malaysia blivit ett exempel på ett fenomen kallat 'Antisemitism utan judar'. Till exempel skickade i mars förra året the Federal Territory Islamic Affairs Department ut en officiell predikan som ska läsas i alla moskéer, där det anges att 'muslimer måste förstå att judar är muslimernas huvudfiende vilket bevisas av deras egoistiska beteende och de mord som utförs av dem.'*
>
> *I Kuala Lumpur är det rutin att anklaga judarna för allt från ekonomiska misslyckanden till det dåliga som skrivs om Malaysia i utländska ('judeägda') tidningar".[166]*

Tydligen kan inte ens förintelsen ändra människors synsätt när det gäller judar. Som jag skrev i förordet till den här boken; "sedan runt sekelskiftet, har antisemitismen åter varit på uppgång, den här gången över hela världen. Judehatets spöke har slagit rot över hela världen". Den sympati vi fick efter Andra världskriget var tydligen kortlivad och nu är en ny våg av antisemitism på uppgång, mer omfattande än någonsin.

I kapitel två citerade vi Rabbi Nathan Shapiros ord: "Det finns fyra krafter i en människa – stilla, vegetativ, levande och talande – medan Israel har ytterligare en, en femte del, för de är de gudfruktiga talande".[167] Om vi håller i minnet att målet med skapelsen är att *alla* ska uppnå denna sista grad, som bara Israel har och som Abraham hade tänkt ge till *alla* sina babyloniska landsmän, kommer vi att se att det vi behöver ge till världen är en väldigt enkel sak – givandets kvalitet, förkroppsligad i maximen "Älska din nästa som dig själv". När egoismen frodas runtom i världen, är denna kvalitet det enda botemedel som kan motverka en global konflikt utan motstycke.

Därför måste judarna återuppväcka den egenskapen inom sig som individer likväl som nation och leda vägen för hela mänskligheten. Att förvärva kvaliteten av givande är faktiskt liktydigt med uppenbarandet av Skaparen genom formlikhet. Tyvärr, som nästa kapitel

77

kommer att visa, försöker vi ofta undvika det uppdraget, antingen för att vi är omedvetna om det, eller för att vi inte har något begär efter det. Så i stället för att omfamna vårt kall och bana väg för ljuset till hela mänskligheten, försöker vi assimilera oss själva till graden av utplåning och vara som alla andra nationer.

Kapitel 7: Blandningsklang

(Att vara jude, eller inte vara jude - det är frågan)

En av de viktigaste bönerna vid *yom kippur* (försoningsdagen) är känd som *Maftir Yonah*[171] (Jona), under vilken hela Jonas bok läses. Berättelsen om profeten Jona symboliserar mer än något annat den ambivalens vårt folk känner gentemot sin roll i världen.

Visserligen är det ingen angenäm uppgift att vara den evigt våta filten. Även inom vår egen nation har profeter knappast haft det lätt eller behandlats med tacksamhet för att de räddat oss från olycka och lidande. Trots det har profeterna alltid utfört sina uppgifter. De har varit tvungna att göra det av fruktan för de plågor som annars skulle drabba sina intet ont anande bröder, så har de inte kunnat hålla tyst.

Jona försökte undvika sitt uppdrag så mycket han kunde. Han dolde sin identitet som hebré och gick ombord på ett fartyg som seglade till Tarsis, bort från Nineve, där Skaparen hade sagt åt honom att profetera. Men som vi vet fann Skaparen honom på fartyget och sjömännen avslöjade hans identitet och slängde honom överbord, där han plågades i magen på en fisk. Slutligen, efter att han ångrat sig (bett inifrån fiskens mage), begav han sig till Nineve och profeterade. Tack vare Jonas ånger hörde invånarna i Nineve talas om den korrigering som krävdes av dem, de utförde den, staden skonades och folket benådades.

Intressant är att Nineve inte var en hebreisk stad. Det var den folkrikaste staden i det assyriska imperiet och ett blomstrande handelscentrum. Men Herren befallde Jona att profetera för dem så att de kunde bättra sig och undvika lidande. Detta indikerar återigen att korrigeringen och uppnåendet av Skaparen inte var avsett enbart för judar, utan för hela mänskligheten. Hur symboliskt är det inte att vi läser den här berättelsen på den mest judiska av årets alla dagar – *yom kippur,* försoningsdagen.

Således sammanfattar Jonas berättelse det judiska folkets dilemma genom generationerna. Å ena sidan är vi det utvalda folket, ämnade att visa vägen till ljuset för alla nationer. Å andra sidan försöker vi enträget och fruktlöst undvika vårt öde, eftersom budskapet om ömsesidig garanti och enhet som vi för med oss är obehagligt för lyssnarens ego, då vi alla är födda självcentrerade och vill förbli sådana.

När judarna återvände från exilen i Babylon för att bygga det andra templet, sammansmälte de som blev kvar så grundligt med sina värdnationer att de försvann helt och hållet. *The Jewish Encyclopedia*[172] skriver att när de befriades från fångenskapen i Babylon, spreds judarna gradvis till Syrien, Egypten och Grekland – främst som slavar, men ganska otillräckliga sådana, så de hade inga problem med att bli friköpta och befriade.

"Dessutom", informerar *The Jewish Encyclopedia,* "på grund av den nära solidaritet, som är en av de varaktiga egenskaperna hos den judiska rasen, hade de inga svårigheter med att hitta trosfränder som var villiga att betala deras lösensumma".[173] Emellertid, fortsätter encyklopedin, "Judarna som sålunda befriades, i stället för att återvända till Palestina, stannade oftast i landet för deras tidigare slaveri och där grundade de samhällen, tillsammans med sina trosbröder. Enligt Filons formella vittnesbörd (*Legatio ad Caium,* §23), hade den judiska församlingen i Rom sitt ursprung i befriade fångar från kriget".[174] Judarna gav sig i väg från Rom och spreds i resten av Europa.

Emellertid, när de en gång befriats från Babylon blev den minoritet av hebréerna som återvände till landet Israel det som nu är känt som "det judiska folket". Efter det andra templets förstörelse, ville de också assimileras. Men till skillnad från sina forna bröder, tillät aldrig nationerna de judar som förvisades från Jerusalem och Judéen att blandas till den grad att de försvann. Om det hade hänt skulle ändamålet med judarnas existens, nämligen att uppenbara Skaparen för resten av nationerna, gått om intet.

Kanske är det anledningen till att erkända historiker och teologer skrev ord liknande Dan Cohn-Sherboks, professor emeritus i judendom vid universitetet i Wales: "Det paradoxala med judiskt liv är att hatet och judisk överlevnad har kopplats samman i tusentals år och att vi utan antisemitism kan vara dömda att dö ut".[175]

Faktum är att vi trots ofta desperata försök att integreras och assimileras alltid blivit påminda om vårt kulturarv och antingen blivit hårt tillbakadrivna till judendomen, eller stannat som utstötta i våra nya religioner. Än idag försöker många judar assimileras i sina värdkulturer, men trots all skenbar framgång i några länder talar vår historia om för oss att det aldrig har lyckats, och den judiska uppgiften ser till att det aldrig kommer att lyckas.

Särskilt anmärkningsvärda exempel på judisk assimilering och avvisande skedde i 1300- och 1400-talets Spanien, och i Tyskland innan och under andra världskriget och förintelsen, vilket resulterade i slutet av praktiskt taget allt det judiska i Europa. Även om mycket har blivit sagt och skrivet om dessa två epoker i judisk historia, är det värt att notera vissa likheter som skulle kunna peka på en återkommande trend som vi kan använda som ett tecken. Vi kommer att ta upp dessa perioder en i taget och avsluta med reflektioner på dagens mest framträdande centrum för judarna utanför Israel – det i USA.

Spanien, den tragiska kärlekshistorien

Josephus Flavius skrev om det varma välkomnande med vilket de som flytt sitt fädernesland Judéen mottogs i Syrien och Antioch efter att ha utvisats av romarna. Judarna var "mycket integrerade", skrev han, och levde "med helt ostört lugn".[176] Han skrev också om hur den Romerske kejsaren Titus Flavius "utvisade dem från hela Syrien".[177] I *Antiquities of the Jews* citerar han den grekiske geografen Strabo: "Detta folk har redan banat sin väg in i varje stad och det är inte lätt att hitta någon plats i den beboeliga världen som inte har tagit emot detta folk och i vilken de inte har gjort sin makt gällande".[178]

Det tveksamma sätt på vilket judarna först varmt välkomnades, sedan avvisades, sedan välkomnades igen, sedan bortstöttes ännu en gång om inte helt förstördes, har upprepat sig själv ett flertal gånger sedan det första templets förstörelse.[179] Som just påpekats här ovan, lyckades de landsförvisade judarna från första templet, som valde att spridas utanför Babylon när de väl frigivits, att assimileras till den grad att de försvann. Men många, om inte de flesta av de judar som förvisades efter andra templets förstörelse, erkänns fortfarande som judar, åtminstone genom arv om inte genom någon form av utövande.

Det har gjorts många försök att konvertera judar till islam eller kristendom, de har även många gånger själva önskat och aktivt försökt konvertera. Och ändå misslyckades dessa försök till största delen eller var bara marginellt framgångsrika.

Norman Roth, professor och forskare i judisk historia vid University of Wisconsin, räknar upp försöken att få mängder av judar att konvertera och de tragiska konsekvenserna. I *Jews, Visigoths, and Muslims in Medieval Spain: cooperation and conflict* (Judar, visigoter och muslimer i det medeltida Spanien: samarbete och konflikt), skriver han:

"På 1300- och 1400-talet konverterade tusentals judar till kristendomen, huvudsakligen av egen fri vilja och inte under något tvång. På 1400-talet ledde rollen dessa conversos [judar som konverterat till kristendomen] hade i samhället till en våldsam fientlighet mot dem och slutade i regelrätt krig. Etnisk antisemitism dök för första gången i historien upp i stor skala och stadgarna kallade limpieza de sangre [renande av blod] antogs [för att skilja 'rena' kristna från dem med muslimska eller judiska förfäder]. Slutligen återupplivades inkvisitionen med falska anklagelser för 'oärlighet' hos conversos och många brändes. Inget av detta hade dock något att göra med judarna, som för det mesta fortsatte med sina liv och sina normala relationer med kristna, som tidigare".[180]

Så judarna som behöll sin tro klarade sig inte bara från att skadas, de vårdade även ett unikt band med sina spanska värdar. Enligt Roth:

"Så ovanlig, man kan till och med säga unik, var den relationens karaktär [mellan judar och kristna] att det på spanska används en speciell term för det, en term som inte har någon exakt översättning på andra språk, convivencia [ungefärlig betydelse "att leva tillsammans i samhörighet"]. I sanning, den verkliga omfattningen av convivencia i det medeltida kristna Spanien har ännu inte fullt uppenbarats".[181]

Roths studie betonar att så länge som judarna förblev lojala mot sitt arv och inte försökte assimileras i främmande kulturer, var de välkomna att stanna eller blev åtminstone lämnade i fred, särskilt i Spanien, där värmen och intensiteten i deras relation tidvis verkligen liknade en kärlekshistoria, med alla de prövningar och vedermödor stora kärlekshistorier uppvisar. Men när judar har försökt att integreras med andra nationer och bli som dem, har de avvisats och tvingats tillbaka till judendomen, eller på ett nedsättande vis *tvingats* konvertera.

Jane S. Gerber, expert på sefardisk historia vid City University i New York, fastställer vältaligt i vilken utsträckning Spaniens judar och *conversos* gick upp i Spaniens sekulära och kulturella liv (betoningar är redaktörens). Gerber skriver:

"Djupt rotade på den iberiska halvön sedan början av sin exil hade dessa judar närt en innerlig kärlek för Spanien och känt en djup lojalitet till hennes språk, regioner och traditioner *[...] I själva verket, blev* Spanien sett som ett andra Jerusalem.

När kung Ferdinand *och drottning Isabellas dekret om utvisning utfärdades den 31 mars [1492], reagerade Sefarderna med chock och misstro. Dekretet innebar att man beordrade de 300 000 judarna i Spanien att ge sig av inom fyra månader. Säkerligen kände de att* deras folks prominens i alla samhällsskikt, *deras samhällens långa historia [...] och* förekomsten av så många judar och kristna med judisk härkomst (conversos) i domstolens, kommuners och även den katolska kyrkans inre kretsar *kunde ge skydd och avvärja dekretet.*

[...] Spanska judar var särskilt stolta över sin långa rad poeter, vars [...] dikter fortsatte att reciteras. Deras filosofer hade varit inflytelserika även bland de lärde i

väst, deras innovativa grammatiker hade förtjänat en varaktig plats som pionjärer i det hebreiska språket och deras matematiker, vetenskapsmän och otaliga läkare hade vunnit bifall. De sefardiska diplomaternas uppfinningsrikedom och allmännytta fyllde även annaler i många muslimska riken. *I själva verket* hade de inte bara bott i Spanien; de hade samexisterat sida vid sida med muslimer och kristna, tagit begreppet av att leva samman (la convivencia) på största allvar.

Erfarenheterna från Sefarderna väcker frågan om ackulturation och assimilering mer än från någon annan judisk gemenskap. Under många århundraden lånade den judiska civilisationen fritt från den omgivande muslimska kulturen. [...] När förföljelserna 1391 överväldigade Sefarderna och de erbjöds att välja mellan att konvertera eller döden, kom antalet konverterade att bli överlägset det betydande antalet martyrer. Det nya med denna masskonvertering, unik ur judiskt perspektiv, har tvingat forskarna att söka orsakssamband i den höga nivå av ackulturation som uppnåddes av Sefarderna".[182]

Men ändå var det inte ackulturationen som fick spanjorerna att vända sig mot judarna. Det var snarare för att judarna övergav den sociala sammanhållningen och den ömsesidiga garantin, egenskaper som (för det mesta) gav dem en omedveten aktning från deras värdnationer. Gerber fortsätter:

"Särskilt medeltida [judiska] kommentatorer var förtjusta i att lägga skulden för den kollektiva disciplinens sammanbrott på judisk ackulturation, och några av de största historikerna i judisk historia, såsom Itzhak Baer, har dessutom angivit den averroistiska filosofins frätande effekt och den cynism som fanns bland den assimilerade klassen judar. Men i vågen av masskonverteringar och de hårda kollektiva konflikterna var det inte bara filosoferna som dukade under inför förföljelsen".[183] Snarare drabbades hela samhället.

Således drabbades judarna, medvetet eller inte, och utvisades så småningom från Spanien, därför att de hade blivit för splittrade, glömt de befogenheter och fördelar som enhet kan ge dem och som våra vise har lärt våra förfäder i generationer. I boken *Zohar* skrevs om universalmedlet enhet: "På grund av att de är av ett hjärta och ett sinne [...] kommer de inte att misslyckas med det som de gjort anspråk på att göra och det finns ingen som kan stoppa dem".[184]

Men *Zohar*, som åter dök upp i Spanien bara några århundraden innan utvisningen, kunde inte rädda judarna. De var helt enkelt för andligt och kulturellt assimilerade för att förenas och utföra sin avsedda roll, att vara ett ljus för nationerna. Och eftersom de inte skulle ändra kurs av egen vilja, gjorde naturens lag av givande – Skaparen – det genom deras omgivning, de kristna spanjorerna, som judarna såg upp till.

Den engelske klassicisten, författaren och professorn vid Cambridges universitet, Michael Grant, observerade judarnas oförmåga att beblandas [under hellenismen, ö.a.]:

"Judarna visade sig inte bara vara oassimilerade, utan oförmögna att assimileras. [...] Det faktum att det är så visade sig bli en av de viktigaste vändpunkterna i grekisk historia; deras religion har utövat ett gigantiskt inflytande genom efterföljande tidsåldrar, och överlevde inte bara intakt, utan gav därefter upphov till kristendomen".[185]

Likaså skrev 1700-talsbiskopen, Thomas Newton, om judarna:

"Bevarandet av judarna är verkligen en av den Gudomliga försynens mest påtagliga och lysande handlingar [...] och vad förutom en övernaturlig makt kunde ha bevarat dem på det sätt som ingen annan nation på jorden har bevarats. Inte heller är Guds försyn mindre anmärkningsvärd i förstörelsen av deras fiender, än i deras bevarande [...] Vi ser att de stora imperier, vilka underkastade och förtryckte Guds folk, alla har kommit att förstöras [...] Och om det har blivit en sådan dödlig utgång för judarnas fiender och förtryckare, låt det bli en varning för alla, som vid något tillfälle eller av någon anledning högljutt kräver förföljelse av dem".[186]

Som nämndes i kapitel fyra avvisar nationerna judarnas försök att bli som dem, på grund av att judarna i vår värld representerar den del av Adams själ som uppnådde enhet i hjärtat och därmed förbindelse med Skaparen, och eftersom deras andliga uppgift är att sprida denna enhet och förbindelse till resten av nationerna. Det är inte ett medvetet val, utan en tvångsmässig drift som kommer över dem från själva Skapelsetanken. Detta kommer sällan upp till medvetandets yta hos de förövare som skapar lidandet, men ofelbart verkställer de det.

En anmärkningsvärd händelse, som från Skapelsetanken steg upp i förövarnas medvetande, ägde rum en ödesmättad och tragisk kväll 1492. I *The Jew in the Medieval World: A Sourcebook: 315-1791* (Juden i den medeltida världen: 315-1791), anger Rabbi Jacob Rader Marcus, en lärd i judisk historia, de händelser som han upptäckt ägt rum.

"Överenskommelsen som tillät dem [judarna] att stanna i landet [Spanien] efter att ha betalat en stor summa pengar, var nästan klar när den omintetgjordes genom inblandning av en klosterföreståndare som kallades Priorn av Santa Cruz, [Legenden berättar att Torquemada, Prior av klostret i Santa Cruz, med krucifix i väders, till kungen och drottningen dundrade: 'Judas Iskariot sålde sin herre för trettio silverpenningar. Ers Höghet skulle sälja honom på nytt för trettio tusen. Här är han, ta honom och byt bort honom'.]"[187]

Det som hände sedan visar att vad som än händer är judarna skyldiga att vara det de är och göra det de måste.

"Då gav drottningen ett svar till judarnas företrädare, liknande kung Salomos ord [Ordspråksboken 21:1]: 'Kungens hjärta är i Herrens hand, som flodernas vatten: Han leder det varthelst han vill.' Hon sade vidare: 'Tror du att detta kommer över er från oss? Herren har lagt den här saken i kungens hjärta'".[188]

Faktiskt utvisades judarna inte för att de hade slutat vara av ekonomiskt värde för spanjorerna. Judarna hade i århundraden blivit kända som en ekonomisk tillgång. Faktum är att när de tvingades ut ur Spanien, flydde många av dem till Turkiet, som välkomnade dem just *på grund av* deras bidrag till ekonomin i sitt värdland. Således blev den ottomanska sultanen, Bayezid II, så glad över judarnas utvisning från Spanien och deras ankomst till Turkiet att det rapporterades att han "sarkastiskt tackade Ferdinand för att ha sänt honom några av sina bästa undersåtar, vilket utarmar hans eget land medan det berikar hans [Bayezids]"[189]. En annan källa rapporterar att "när kung Ferdinand, som utvisade judarna från Spanien, nämndes i [Bayezids] närvaro sa han: 'Hur kan du anse kung Ferdinand vara en vis härskare när han utarmade sitt eget land och berikade vårt?'"[190]

Gång på gång finner vi att det inte är vår intelligens som ger oss någon fördel i nationen. Snarare är det vår enhet, för vår enhet projicerar ljuset på dem, eller rättare sagt glädjen de i Skapelsetanken var avsedda att få genom oss. För att citera författaren och tänkaren Rabbi Hillel Tzaitlin:

"Om Israel är hela världens enda sanna förlösare måste de vara redo för den uppgiften. Israel måste först förlösa sin egen själ [...] Men hur kan de förlösa sin själ? [...] Kommer nationen, vilken är i ruiner både materiellt och andligt, att bli en nation bestående enbart av förlösare? [...] Av den anledningen vill jag med denna bok etablera 'Israels enhet' [...] Om den grundas, kommer enandet av individer att ske i syfte av inre uppstigning och åkallan för korrigering av allt ont i nationen och i världen".[191]

Så även om vi gör anspråk på varje nobelpris från nu till domedagen kommer vi, för alla de vetenskapliga resultat som är till nytta för mänskligheten, inte att få någon heder, bara avsmak. Vi må frambringa de bästa läkarna, de mest lysande ekonomerna, de mest briljanta vetenskapsmännen och de mest innovativa entreprenörerna, men tills vi frambringar ljuset, kraften vi framkallar genom enhet, kommer nationerna aldrig att acceptera oss och vi kommer aldrig att rättfärdiga vår existens på den här planeten.

Nazityskland – skräck bortom ord

Som tidigare påpekats i kapitlet ägde ett annat anmärkningsvärt exempel på judisk assimilation och påföljande avvisande rum i Tyskland före och under andra världskriget. De fasansfulla konsekvenserna av det som pågick i Tyskland har diskuterats och analyserats ingående och det finns inte mycket att tillägga om det som hände. Vad vi däremot bör påpeka är upprepandet av det som påverkade den spanska inkvisitionen och slutligen utvisning från Spanien.

Historiskt sett åtnjöt inte de tyska judarna samma frihet och samhörighet med sina tyska värdars hertigdömen och städer som judarna i Spanien gjort. I stället vandrade de i århundraden från stad till stad, vistades där det var tillåtet, alltid under hårda restriktioner och diskriminering, och ibland, som till exempel under korstågen, led de av förföljelse, utvisning och till och med massakrer.

Men med början från 1500-talet och renässansen åtnjöt judarna i Tyskland relativ fred. Medan de inte fick samma status eller medborgarskap i någon av sina värdstäder eller hertigdömen, fick de ändå leva sina egna liv relativt ostört och avskilt från resten av det tyska samhället.

I *Understanding Jewish History: From Renaissance to the 21st Century* (Judisk historia från renässansen till 2000-talet) skriver Sol Scharfstein:

> *"Bakom gettots murar, enligt sina egna traditioner och sitt eget sätt att leva, red judarna ut stormarna genom århundradena som följde, kampen mellan kristna, mellan kyrkan och furstarna och de krig och revolutioner som startade på grund av nya förutsättningar och nya idéer.*
>
> *[... Påven] Paul IV hävdade att det var dumt för kristna att vara vänliga mot människor som inte hade accepterat Kristus som sin frälsare. I en påvlig bulla påbjöd han att judar som bodde i områden som kontrollerades av kyrkan skulle vara instängda i gettona. De skulle vara tillåtna att lämna gettot på dagtid för att gå till jobbet, men förbjudna att vara utanför vid andra tider. Gettots grindar fick lov att vara stängda på natten och på kristna helgdagar [... och de] bevakades av ickejudiska vakter som kontrollerade in- och utgång av de som var fängslade innanför".*[192]

Men tvärtemot vad många tror var de judiska gettona ursprungligen inte obligatoriska. Det kom senare, när judarna redan var koncentrerade i sina bostadsområden. Den välkände historikern, Salo Wittmayer Baron, skrev att:

> *"Judar hade färre skyldigheter och fler rättigheter än den stora massan av befolkningen. [...] De kunde fritt flytta från plats till plats med några få undantag, de kunde gifta sig med den de ville, de hade sin egen domstol och dömdes enligt sina egna lagar. I rättsfall med icke-judar var det inte heller den lokala domstolen som hade behörighet, utan oftast en särskild domare som utsågs av kungen eller en hög tjänsteman".*[193]

Några sidor senare fortsätter Wittmayer Baron:

> *"Det judiska samhället ägde fullständig intern självständighet. Sammansatt, isolerad, på sätt och vis främmande, lämnades den på allvar ifred av staten, mer än de flesta företag. Således ägde den förrevolutionära judiska gemenskapen mer behörighet över sina medlemmar än moderna federala, statliga och kommunala myndigheter tillsammans [gäller 1928, utgivningsåret]. Utbildning, rättskipning mellan judar,*

beskattning av kommunala och statliga ändamål, hälsa, marknader och allmän
ordning låg alla inom gemenskap-samfundets jurisdiktion, dessutom var det judiska
samhället ofta ursprunget till ett socialt arbete av en kvalitet som oftast var överläg-
sen det utanför det judiska samhället.

[...] En fas i denna samfundsexistens som av de emanciperade judarna betraktades
som ett onyanserat ont var gettot. Men man får inte glömma att gettot växte upp
frivilligt som ett resultat av judiskt självstyre och det var först i en senare utveckling
som offentlig rätt lade sig i och gjorde det till lagligt tvång för alla judar att leva i en
avskild stadsdel".[194]

Då de för sitt uppehälle fick förlita sig på varandra kom judarna
således närmare varandra, de odlade sin egen litteratur och levde
anspråkslöst och fromt. Än en gång ser vi att när judar håller ihop
förblir de oskadda. Och ännu en gång ser vi att när sammanhållning
och enhet inte är judarnas val i livet, tvingar omständigheter utifrån
dem till det. Om än tvingande så är det alltid enhet som håller dem
säkra.

Men trots att enhet är det som gör dem säkra och det faktum att
judar, som professor Grant noterade, är "oassimilerbara", börjar de,
så fort dörren öppnas och judarna tillåts komma ut, blandas på
samma sätt som det som drog till sig katastrofen i Spanien – kultu-
rell assimilation och ännu värre *religiös assimilation.* På något sätt
tycks vi alltid glömma våra vises ord, som upprepade gånger förfäk-
tar "När de [Israel] är som en människa med ett hjärta, är de som en
befäst mur mot de onda krafterna".[195] Precis som vi visat genom
hela denna bok, är försummelse av enhet det som orsakade förstö-
relsen av templet och förskjutandet av folket från dess land och
faktiskt varje katastrof som drabbat judarna sedan dess.

Allt eftersom den judiska frigörelsen fortskred och tyska judar tilläts
komma in i det tyska kristna samhället, blev de gradvis mer och mer
främmande för sina andliga rötter. Mot slutet av 1700-talet var de så
ivriga att bli erkända i det kristna samhället att de skulle göra nästan
vad som helst för att accepteras. Enligt professorerna i judisk kultur
och historia, Steven J. Zipperstein vid Stanfords universitet och Jo-
nathan Frankel vid Hebreiska universitetet i Jerusalem, gick 1799,

bara några få år efter början av den judiska emancipationen, David Friedlander, en av det judiska samhällets mest prominenta ledare, så långt att han föreslog att alla judar i Berlin skulle konvertera till kristendomen.[196]

Men även utan att konvertera, var tyska judar villiga att avstå allt som deras förfäder hade hållit heligt. Senare i sin bok skriver Zipperstein och Frankel:

"För att bevisa judarnas absoluta lojalitet för stat och land var [judarna] redo att från böneböckerna radera ut varje hänvisning till det urgamla hoppet om att återvända till det forntida hemlandet i Palestina och att tolka spridningen av judarna runtom i världen inte som exil utan från en positiv sida, som ett sätt för judarna att föra budskapet om monoteistisk etik till hela mänskligheten, som ett gudomligt uppdrag. Således gjorde reformrörelsen det möjligt att hävda att judarna utgjorde en strikt religiös gemenskap fråntagen alla nationella attribut, att de var tyskar (eller polacker och fransmän, i förekommande fall) av 'Moses övertygelse'. På detta sätt blev reformjudendomen symbolen för en vilja att förhandla med urgamla föreställningar i utbyte mot civil jämlikhet och social acceptans".[197]

Att överge sin koppling till Sion, landet Israel och begäret efter Skaparen – lagen om givande – symboliserar mer än något annat i vilken utsträckning de tyska judarna hade fjärmat sig från sitt arv. Som vi har sett så många gånger och som vi lärt från våra vise genom historien: när judarna villigt överger sin roll tvingas de tillbaka till den av just de nationer som de strävar efter att blandas samman med.

Ack, de tyska judarna kände inte till detta faktum. De befann sig i exil, förvisade från givandets kvalitet och omedvetna om sin uppgift. De var okunniga om sitt misstag, att de så fort de bytte sin sammanhållning mot det allmänna samhällets acceptans, satte sin och sina barns framtid i fara. Även om ingen kunde ha förutsett omfattningen av den fasa som skulle drabba dem, hade vägen mot den banats och deras uppträdande fortsatte att stötta den.

Från omkring 1780 till 1869 skedde, trots flera bakslag, en gradvis utveckling av den judiska frigörelsen. Så småningom "antogs lagen om jämställdhet av parlamentet i Nordtyska förbundet den 3 juli

1869. I och med utvidgandet av denna lag till de stater som var för-
enade med det tyska riket, blev kampen för frigörelse hos de tyska
judarna framgångsrik".[198]

Men priset för framgången var att fullkomligt överge allt som hade
hållit judarna samman. Enligt Werner Eugen Mosse, professor eme-
ritus i europeisk historia vid University of East Anglia:

*"Uppkom 1843 det första radikala reformsamhället i Frankfurt – avvisande av
omskärelse och krav på förflyttning av den judiska sabbaten till söndag. [...] Un-
der de kommande två eller tre decennierna, skulle den religiösa reformrörelsen om-
strukturera gudstjänsten i de flesta större samhällen och utvecklas till den liberala
religiösa rörelse som dominerade 1900-talets tyska judar.*

*[...] Trycket för social integration i det allmänna samhället ledde till att många
övergav seder vilka de kände blev hinder i det sociala umgänget (t ex kostlagar),
medan behovet av att vara ekonomiskt konkurrenskraftig tvingade många att göra
affärer på lördagar, den judiska sabbaten. Dessutom tyckte många kulturella judar
att de blev bortstötta från den traditionella judiska gudstjänsten av estetiska
skäl".[199]*

Professor Eugen Mosse fortsätter:

*"En annan aspekt av reformen nära knuten till utbildning var den nya konfirmat-
ionsceremonin. Denna ceremoni, baserad på kristna modeller, var menad att kom-
plettera (eller mer sällan, ersätta) den traditionella bar mitzva. Både pojkar och
flickor, som tog examen från en religiös skola, fick en offentlig muntlig tentamen på
grunderna av den judiska religionen och blev sedan välsignade av rabbinen och for-
mellt invigda i judendomen".[200]*

Precis som i Spanien cirka 400 år tidigare, blev alltså reformjudarna
i själva verket *"Ashkenazi conversos"*.[196] Enligt Donald L. Niewyk,
professor emeritus i historia vid SMU, var de "allra flesta judar [...]
passionerat engagerade i välbefinnandet av sitt eget fosterland,
Tyskland".[201]

Och precis som i Spanien var judarna lyckligt omedvetna om de
ljudande väckarklockorna när tidvattnet började vända sig mot ju-
darna och antisemitismen började dyka upp i den tyska Weimarre-
publiken. "Inte bara ett fåtal såg antisemitismen som en positiv väl-

signelse, som ensamt kunde hålla judarna ifrån en successiv sammanslagning med det större samhället och slutligen försvinna som en distinkt religiös grupp", berättar professor Niewyk.[202] Genom att låta nationerna hålla oss samman i stället för att göra det själva, leder det till ofattbara konsekvenser om man inte lägger märke till det. Dr Kurt Fleischer, ledare för liberalerna i den judiska församlingen i Berlin, hävdade 1929 att "antisemitism är det gissel som Gud har sänt till oss för att leda oss samman och göra oss sammansvetsade".[203] Detta visar återigen det sanna i de tidigare citerade orden av professor Cohn-Sherbok: "Det paradoxala med judiskt liv är att [...] utan antisemitism kanske vi skulle vara dömda att dö ut".[204] Ja, så tragiskt rätt de alla har.

Det visade sig att även Hitler tänkte att Skaparen använde nazisterna för att utföra Hans arbete. I *Mein Kampf* skrev han ord liknande de ovan nämnda av Isabella, drottning av Spanien, om att Herren straffar judarna genom kungen:

> *"Den Eviga naturen hämnas obönhörligt överträdelser av hennes befallningar. Därför tror jag idag att jag verkar i enlighet med viljan hos den allsmäktige Skaparen: genom att försvara mig mot juden, kämpar jag för Herrens verk".[205]*

Eftersom Skaparen är egenskapen av kärlek och givande, exponerade judarnas framträdande från gettona deras exil från den egenskapen. Följaktligen spred de egoism, i stället för att föra solidaritet och ömsesidigt ansvar till sina värdsamhällen, vilket är förödande för alla samhällen och de möttes därför av intolerans och motvilja strax efter att de blivit accepterade. Den tyske filosofen och antropologen Ludwig Feuerbach liknade judar vid egoism på följande sätt:

> *"Judarna har bibehållit sin egenhet till denna dag. Deras princip, deras Gud, är den mest praktiska principen i världen – nämligen egoism. Och dessutom, egoism i form av religion. Egoism är den Gud som inte låter sina tjänare komma på skam. Egoism är väsentligen monoteistisk, för den har endast en, endast självet, som dess mål".[206]*

Ja, vem skulle välkomna ett sådant hot i samhället? Det är just den egoismen som får alla nationer i vilka vi lever att tänka om och så småningom ångra och upphäva sin öppenhet.

Det enda som gjorde judarna unika och kraftfulla i antiken var deras enhet, deras altruism, och som vi har visat var det det enda som Abraham och Moses ville ge till världen. Först välkomnar nationerna oss in ibland dem och hoppas undermedvetet att vi ska dela den egenskapen med dem. Men när de upptäcker att vi ger dem det motsatta ändras deras glädje till besvikelse och ilska. Så länge vi fortsätter att göra nationerna besvikna, kommer vi att fortsätta att behandlas på samma sätt och trenden visar att det sätt på vilket de visar sin besvikelse kommer att bli ännu värre.

Landet med obegränsade möjligheter

När reformjudendomen väl befästs som en viktig kraft i Tyskland, spreds den till USA, Ungern och ett antal länder i Västeuropa. Det här var ett resultat av de tyska judarnas emancipation.[207] En liknande process av spridande skedde med den konservativa judendomen,[208] och de två samfunden hade mot mitten av 1800-talet blivit de dominerande religiösa krafterna bland USA:s judar.

I *Response to Modernity: A History of the Reform Movement in Judaism* (Svar på moderniteten: En historia över reformrörelsen inom judendomen), skriver professor Michael A. Meyer vid HUC [Hebrew Union College, ö.a] att medan reformjudendomen i Tyskland hela tiden fick lov att försvara sig både mot det förankrade ortodoxa etablissemanget och mot statlig inblandning, existerade dessa hinder inte i USA. "Så sant, individuellt och kollektivt var amerikanerna inte helt fria från fördomar", tillägger Meyer, "men i USA fanns ingen statlig kontroll över religion, ingen konservativ etablerad kyrka som bestämde hur det religiösa livet skulle se ut".[209]

Således fann både reformjudendomen och den konservativa judendomen i Amerika ett land av obegränsade möjligheter. Tänkesättet av sammanslagning med värdsamhället, främst det kristna, hade slutligen funnit bördig jord att växa i. Enligt professor Meyer:

"Tyska judar kunde aldrig riktigt känna att de var delaktiga i att forma ödet för den nation de identifierade sig så mycket med. USA var annorlunda även i detta avseende. Liksom de stora europeiska nationerna hade de sin egen djupa känsla av ett uppdrag, men det uppdraget vilade inte bara på ett ouppfyllt öde, det var inte heller helt bestämt. I Amerika kunde reformjudar känna att deras egen syftesupp-fattning eventuellt kunde vävas in i ett större fortfarande ofullständigt nationellt ändamål".[210]

Faktiskt har judars bidrag till formandet av en nation aldrig, med det uppenbara undantaget Israel, varit mer omfattande än i USA och är så fortfarande. Oavsett om det gäller ekonomi, underhållning, utbildning, politik eller någon annan aspekt av livet i Amerika, så spelar judarna en viktig om inte ledande roll.

Aldrig i historien har judarna haft en bättre position för att uppfylla den roll de valdes till. De finns med i varje del av det amerikanska offentliga livet och är befäst i de media som bestämmer den offentliga debatten och den allmänna opinionen. Med tanke på den amerikanska kulturens dominans i världen kan judarna nu sätta igång förändringar med inverkan över hela världen.

Med andra ord, trots antagonism mot USA från andra mäktiga nationer, är den globala kulturen – och därmed de sociala normerna – fortfarande huvudsakligen amerikansk. De dominerande filmerna kommer från USA, popmusik kommer främst från USA, de viktigaste nyhetskanalerna kommer från USA och internet domineras av amerikanska företag som Google, Facebook, Microsoft och Apple. På ett sätt är USA för världen vad New York är för USA – lyckas man där kan man lyckas var som helst.

Därför bär amerikanska judar ett större ansvar att erbjuda det de måste än några andra judar, kanske med undantag för de boende i Israel. Om amerikanska judar förenas och projicerar värdet av ömsesidig garanti, kommer resten av det amerikanska samhället att följa efter. I dag förstår många amerikaner att de principer den amerikanska drömmen formades av inte längre håller. Skenande egoism och en överdriven känsla av privilegium har förbrukat allt som var bra med friheten att få säga vad man tycker, att initiera, att jobba hårt och lyckas och att leva enligt sin tro.

Det finns så mycket våld, misstro, konkurrens och exploatering i det amerikanska samhället att om en stor förändring inte sker väldigt snart kommer samhället implodera. Och om det händer kommer judarna, som alltid, att få skulden. Argument om judiska bidrag till vetenskap, kultur och ekonomi kommer att avvisas och judarna kommer i allas ögon att vara de uppenbara syndarna. Antisemitismen som legat latent i flera generationer kommer att brusa upp till ytan och ett upprepande av fasorna från Nazityskland kan inte uteslutas.

Som vi sett genom hela denna bok är både judar och icke-judar väl medvetna om att judarna i huvudsak är en arbetsgrupp, en enhet skapad för en mycket specifik uppgift. 1976 antog Centralkonferensen för amerikanska rabbiner (CCAR) en plattform som de gav namnet "Reformjudendom: ett hundraårigt perspektiv". I den plattformen meddelade konferensen att "Vi har lärt oss att överlevnaden av det judiska folket är av högsta prioritet och genom att utföra vårt judiska ansvar, hjälper vi mänskligheten att gå mot sin messianska uppfyllelse".[211]

Ja, för tillfället är det judiska folket den enda nation där det är möjligt med sammanhållning och efterföljande uppenbarelse, uppnående och förvärvande av Skaparens kvaliteter, kvaliteten av givande. Vår "messianska uppfyllelse", oavsett om delegaterna på konferensen var medvetna om det eller inte, är att alla nationer ska erhålla den nämnda kvaliteten och njuta av dess fördelar. Tills vi uppfyller vår roll kommer världen att fortsätta anklaga oss för varje motgång och svår situation som dyker upp. Och ju mer vi undviker vårt uppdrag, desto hårdare kommer de att tvinga oss tillbaka till det.

Profeten Jona bör vara en påminnelse till varje jude att vårt kall är förutbestämt och inte förhandlingsbart. Vi kan följa det villigt och skörda dess fördelar, eller följa det mot vår vilja och skörda bestraffningen från världen, som historien så många gånger visat.

I en mycket beredvillig anda har plattformens sista avsnitt den träffande titeln "Hopp: vår judiska skyldighet". I det avsnittet tar CCAR ett avgörande åtagande (betoningarna är våra egna):

"[...] vårt folk har alltid vägrat att misströsta. De överlevande från förintelsen, som beviljades livet, grep det, vårdade det och genom att resa sig över katastrofen visade de mänskligheten att den mänskliga andan är okuvlig. Staten Israel [...] visar vad ett enat folk kan åstadkomma i historien. Förekomsten av judar är ett argument mot förtvivlan; judisk överlevnad är garantin för mänskligt hopp.

Vi är fortfarande Guds vittnesbörd om att historien inte är meningslös. *Vi hävdar* att människor med Guds hjälp inte är maktlösa att påverka sitt öde. *Vi tillägnar oss själva, såsom generationer av judar gjort före oss,* att arbeta och vänta på dagen *då 'De skall icke skadas eller förstöras på Mitt heliga berg* ty jorden skall vara fylld av Herrens kunskap *liksom vattnet täcker havet'".[212]*

Sannerligen är historien, speciellt den judiska, inte meningslös. Den har ett utbildande syfte: att lära oss vår roll i livet och visa oss den rätta vägen i stället för den felaktiga, vägen av salighet i stället för den av smärta. Ändå är det vårt val vilken väg vi vill gå.

I sin *Introduktion till Zohar*, relaterar 1900-talskabbalisten Baal HaSulam specifikt till det judiska folkets roll i vår tid:

'Tänk på att det i allt finns både inre och yttre. I världen i stort anses Israel, ättlingar till Abraham, Isak och Jakob, vara det inre i världen [närmast Skaparen] och de sjuttio nationerna [resten av nationerna] anses vara det yttre i världen. [...] Det finns även ett inre i varje person från Israel – Israels inre – vilket är punkten i hjärtat [begär efter Skaparen, efter givande] och där finns även ett yttre – de inre nationerna i världen [alla andra begär] [...]

När en person från Israel förbättrar och hedrar sitt inre, vilket är Israel i den personen, över det yttre, vilket är världens nationer inom honom [...] på så sätt gör man att Israels barn stiger uppåt i det inre och även i det yttre i världen. Då inser nationerna i världen [...] och erkänner värdet av Israels barn.

Men om det motsatta gäller, Gud förbjude, och en person från Israel förstärker och uppskattar sitt yttre, vilket är världens nationer inom honom, mer än det inre Israel i honom, som det står skrivet (Femte Mosebok 29), 'Främlingen som är hos dig', vilket betyder att det yttre i den personen stiger och svävar och du själv, det inre, Israel inom dig, störtar ner. Med dessa handlingar gör man så att det yttre i världen i stort – världens nationer – svävar ännu högre och övervinner Israel, bryter ner dem till marken och får Israels barn, världens inre, att störta djupt ner.

Bli inte förvånad över att en persons handlingar medför nedgång eller uppgång för hela världen, för det är en obeveklig lag att det allmänna och det särskilda är lika identiska som två ärtor i en skida. Och allt som gäller i allmänhet, gäller även i det enskilda. För övrigt utgör delarna det som finns i det hela, beroende på kvantiteten och kvaliteten av delarna, för det allmänna kan bara framträda efter att delarna i det har blivit synliga. Uppenbarligen avgör värdet på en dels agerande om helheten höjs eller sänks".²¹³

Dessutom fortsätter Baal HaSulam:

"Till den grad man stärker sitt hårda arbete med Torans inre och dess hemligheter [utövande för att uppnå Skaparen], i den omfattningen får man kraften av världens inre – som är Israel – att sväva högt ovanför världens yttre, som är världens nationer. Och alla nationer kommer att inse och erkänna Israels förtjänst hos dem, till förverkligandet av orden, 'Och folket ska ta dem och föra dem till deras plats: och Israels hus skall besitta dem i Herrens land' (Jesaja 14:2) och även 'Så säger Herren Gud: Se, jag skall upplyfta min hand till tecken åt folken och resa mitt baner till tecken åt folkslagen; då skola de bära dina söner hit i sin famn och föra dina döttrar fram på sina axlar'.

Men om, Gud förbjude, det blir det motsatta och en person från Israel nedvärderar kraften i Torans inre och dess hemligheter, som handlar om våra själars uppförande och deras begär [uppnående av Skaparen och förmedling av det uppnåendet] [...] kommer [nationerna] att förödmjuka och vanära Israels barn och se Israel som överflödigt, som om världen inte har något behov av dem".²¹⁴

När det händer, fortsätter han:

"[...] hela världens yttre, världens nationer, [intensifierar och återkallar] Israels barn – världens inre. I en sådan generation lyfter alla förstörare bland världens nationer sina huvuden och vill i första hand förstöra och döda Israels barn, som det står skrivet (Yevamot 63), 'Ingen olycka kommer till världen om inte för Israel'. Detta

97

innebär, som det står skrivet i ovanstående korrektioner, att de orsakar fattigdom, ruin, röveri, dödande och förstörelse i hela världen".215

Sammanfattningsvis, om vi genomför vår roll och förmedlar välviljans ljus till världen, Skaparens kvalitet, det inre som Baal HaSulam talar om, kommer:

"det inre hos världens nationer, de rättfärdiga av världens nationer, att övermanna och överlämna sitt yttre, som är förstörarna. Och även det inre i världen, som är Israel, skall resa sig i hela sin förtjänst och dygd över det yttre i världen, som är nationerna. Sedan kommer alla nationer i världen att inse och erkänna Israels förtjänst över dem.

Och de skall följa orden (Jesaja 14:2), 'Och folket skall ta dem och föra dem till deras plats: och Israels hus skall besitta dem i Herrens land'. Även (Jesaja 49:22), 'då skola de bära dina söner hit i sin famn och föra dina döttrar fram på sina axlar'".216 [Repetition av citaten finns i den ursprungliga texten]

Det kan verka som en stor uppgift för ett så litet antal människor att göra så stor skillnad i världen, men i sanning beror vårt arbetes framgång eller misslyckande på en enda sak – vår enhet. För att påminna oss om den avgörande roll enhet spelar i vår framgång som nation och i framgången av vårt uppdrag, kommer nästa kapitel så att ägnas åt våra vises ord genom tiderna där de beskriver sina tankar om enhet. Därefter kommer vi att undersöka på vilket sätt vi kan nå den enheten.

Kapitel 8: Tillsammans för alltid

(Enhet, enhet och ännu en gång enhet)

Som det sagts genom hela boken har enhet varit Israels "försäkring" mot allt ont, det ultimata universalmedlet. Men nu har vår egoism utvecklats så mycket att vi inte längre kan upprätthålla enheten om inte vår överlevnad hänger på den. Detta fel har uppmärksammats både av vänner och fiender.

I en artikel publicerad i juni 1940 noterade Baal HaSulam att våra bekymmer kommer från bristen på enhet. Han skrev att vi är "som en hög med nötter, förenade i en enda kropp från utsidan genom en säck som omsluter och håller dem samman".[217] Men, fortsätter han:

> *"Det måttet av enhet gör dem inte till en enhetlig kropp, och även den minsta rörelse i säcken tillfogar oväsen och separation mellan dem, genom vilket de kommer till ständiga partiella sammanslagningar och separationer. Allt som saknas är det naturliga enandet inifrån, då kraften i deras enhet kommer av yttre händelser. När det gäller oss, är det en väldigt smärtsam angelägenhet".[218]*

I kapitel 5 nämnde vi Baal HaSulams essä *Det finns ett visst folk*, i vilken han skriver att Haman förlitade sig på judarnas separation från varandra som nyckeln till sin seger över dem. Haman visste att separation mellan dem innebar att de också var åtskilda från Skaparen, givandes kvalitet, den kraft som skapar verkligheten. Av den anledningen trodde Haman att han kunde utnyttja judarnas svaghet för att göra sig av med dem. Till hans förtret uppfattade Mordechai den faran likväl som Haman och "Rättade till detta fel, som det står förklarat i versen, 'judarna samlades' etc... 'för att samlas och förenas och stå upp för sina liv'. Det vill säga, de räddade sig själva genom att förenas".[219]

En mer samtida "Haman", Adolf Hitler, märkte också judarnas drag av enhet och noterade bristen på den bland oss idag. I *Mein Kampf* skrev Hitler:

"Juden förenas bara när en gemensam fara tvingar honom till det eller då ett gemensamt byte lockar honom; om dessa två skäl saknas, kommer den krassaste av egoismens kvaliteter att komma till sin rätt och i ett enda ögonblick förvandlas det enade folket till en hord råttor, som blodigt slåss sinsemellan".[220]

Innan vi går vidare med att diskutera hur vi kan nå enhet och därmed förhindra framtida katastrofer, som de vårt folk har upplevt i generationer, kommer vi därför att ägna detta kapitel till utdrag från rabbiner och judiska lärda ur alla generationer. De kommer att påminna oss om den heltäckande överenskommelsen gällande den stora betydelsen av enhet och solidaritet. Eftersom vår väsentliga substans är viljan att ta emot, behövs för att förenas att vi först *vill* förenas – även om det bara är en sköld mot lidande – innan vi försöker upprätta det. Nedan finns våra vises inspirerande ord.

Enhet – Israels hjärta och själ

Även om *Beit Shamai* och *Beit Hillel* hade meningsskiljaktigheter, behandlade de varandra med tillgivenhet och vänskap, för att hålla det som sades (Sakarias 8), "Kärlek sanning och fred".

Babyloniska Talmud, Yevamot, Kapitel 1, s. 14b

I Israel finns hemligheten till enhet i världen. Det är därför de kallas "människor".

Rav Avraham Yitzhak HaCohen Kook (Raaiah), *Orot HaKodesh* (Helighetens Ljus),
Vol. 2, s. 415

Det fastställdes på berget Sinai att Israels barn blev en nation. Därför står det skrivet "jag" i singularis, eftersom i den omfattning enhet finns mellan dem, är Hans gudomlighet närvarande hos Israels barn.

Yehuda Leib Arie Altar (ADMOR i Gur), *Sfat Emet* (Sanningens läppar), *VaYikra* (3 Mos), *parashat BaHar* (avsnittet På berget), TARLAV (1893)

Det är känt att ur medvetandets perspektiv är varje person en individ [...] men ur hjärtats perspektiv finns enhet i Israel.

Rabbi Shmuel Bornstein, *Shem MiShmuel* (Ett namn ur Samuel), *Shmot* (2 Mos), TAR'AH (1915)

När Israel gick in i landet, var de en hel nation. Beviset för detta är att så länge Israel inte korsade Jordanfloden och inte kom fram till landet, blev de inte straffade [...] förrän de korsade och blev ansvariga för varandra.

Således blev inte Israel ansvariga för varandra därför att man kallas *arev* [garant/ansvarig för] när man är *meorav* [mixas/blandas] med någon annan, och Israel blev inte ansluten som en hel nation innan de kom till landet och var tillsammans i landet och hade en plats, landet Israel. Och genom landet Israel, är de en hel nation.

Juda Loewe ben Bezalel (*Maharal* i Prag), *Eternal Paths* (Eviga vägar), "Rättfärdighetens väg", Kapitel 6

Eftersom Israels 600 000 själar alla är bundna till varandra som ett flätat rep, förenade som en utan separation, om man skakar början av det åtdragna repet, kommer man att skaka hela. Därför kommer om en man syndar vrede att vara över hela församlingen. Anledningen är att alla i Israel är ansvariga för varandra.

[...]

Den som vanhedrar, vanhedrar alla Israels själar tills han återvänder för att rätta till det han skadat i sin själ. [...] Det innebär att eftersom delarna förhåller sig till varandra, kommer de inte att separeras.

Rabbi Elijahu Di Vidash, *Begynnelsen av visdom*, "Fruktans port", Kapitel 14

Själen höjer sig och blir hel först när alla själar blandar sig och blir till en, för då stiger de mot heligheten, för helighet är en. [...] Därför bör man först ta till sig budet "Älska din nästa som dig själv", då vår Rav skrev att det bara är möjligt att uttala ord i bön genom fred, när man ansluter till alla själar i Israel.

Rabbi Nathan Sternhertz, *Likutey Halachot* (Utvalda regler), "Synagogregler", Regel nummer 1

Även om kropparna av helheten Israel är uppdelade, så är deras själar en enda enhet vid roten. [...] Detta är anledningen till att Israel är påbjudna enhet i hjärtat, som det står skrivet, "Och Israel lägrade sig där", i singular [på hebreiska], vilket innebär att de motsvarade nedan, det vill säga att de hade enhet.

Rabbi David Solomon Eibenschutz, *Willows of the Brook* (Pilträd), *Nassoh* (Ta)

Israel gavs inte Toran [lagen om givande] förrän de hade nått fullständig enhet, som vi skrev om versen (Andra Mosebok 19:2), "Och Israel lägrade sig där framför berget". Inte heller Moses fick ta emot, som våra vise säger, (*Brachot* [välsignelser], 32a) att Skaparen sa till Moses gällande kalven, "Kom ner från din storhet, för Jag har givit dig storhet bara för Israel".

Rabbi Moshe Alsheich, *Moses Lag*, beträffande 5 Mos, 33:4-5.

När Israel har enhet, finns det inget slut på deras uppnående.

Rabbi Elimelech Weisblum av Lizhensk, *Noam Elimelech* (Elimelechs trivsamhet), Pinchas

"Jerusalem är byggd som en stad som är förenad" (Psaltaren 122:3) – en stad som gör alla av Israel till vänner.

Jerusalem Talmud, *Hagigah*, Kapitel 3, Regel 6

Ni, de vänner som är här, eftersom ni var i tillgivenhet och kärlek innan, så kommer ni hädanefter inte att skiljas från varandra, tills Herren gläds med er och förklarar fred över er. Och genom er förtjänst blir det fred i världen, som det står skrivet, "Av hänsyn till mina bröder och vänner kommer jag att tala, 'Må frid vara i er'".

Rav Yehuda Ashlag (Baal HaSulam), *Boken Zohar med Sulamkommentaren*, *Acharei Mot* (Efter döden), artikel 66

Enhet – Israels frälsning

Det främsta försvaret mot katastrof är enhet. När det finns kärlek, enhet och vänskap mellan varandra i Israel, kan ingen olycka komma över dem. […] Även om de tillber avgudar, men det finns band mellan dem och ingen separation i hjärtat, har de lugn och ro och ingen Satan eller illgärningsman och alla förbannelser och allt lidande avlägsnas genom det [enhet].

Detta är innebörden av det som sägs, "Ni står i dag, alla ni". Det betyder att även om ni har hört alla påbud i det förbund som står skrivet ovan, står ni ändå, och ni kommer att få återupplivande genom era ledare, domare, äldste, ministrar och alla människor av Israel med ett hjärta och med kärlek […] Genom förbindelsen mellan er kommer ni att kunna gå genom motgångarna och de kommer inte att nå er eller skada er alls.

"Herren skall upphöja dig till ett heligt folk åt sig" innebär att ni genom det kommer att ha väckelse, ni kommer att bli räddade från alla olyckor. Efteråt sa han till dem, "Nu gör Jag inte detta förbund med er allena", vilket innebär att det att bli räddad från skada genom förbindelse inte var utlovat endast till Moses generation. Snarare, "Men med dem som står här med oss i dag [...] och med dem som inte är här med oss i dag", menas att alla framtida generationer har fått det löftet – att passera genom alla motgångar i förbundet och att de inte kommer att bli skadade, tack vare den enhet och förbindelse som finns mellan dem.

Rabbi Kalonymus Kalman Halevi Epstein,
Maor VaShemesh (Ljus och Sol), *Nitzavim* (Stående).

Vi är kommenderade i varje generation att stärka enheten mellan oss så att våra fiender inte härskar över oss.

Rabbi Elijahu Ki Tov, *The Book of Consciousness*
(Medvetandets bok), Kapitel 16

Herren sade till David: "När bekymmer kommer över Israel för deras missgärningar, låt dem stå sammanslutna framför Mig och bekänna sina missgärningar inför Mig [...] När Israel samlas framför Mig och står förenade inför Mig och uttalar till Mig en bön av förlåtelse, kommer Jag att bifalla dem".

Tanna Devei Elijahu Zuta, Kapitel 13

När man inkluderar sig själv med hela Israel och enhet skapas, är Herren närvarande i den enheten. I den stunden kan inget ont komma till en.

Rabbi Menahem Nahum av Tjernobyl,
Maor Eynaim (Ögats ljus), *VaYetzeh* (Och Jakob gick ut)

När de [Israel] grälar och det ändå finns enhet mellan dem, då är enheten mer värdefull. Det var därför "Moab kände stor rädsla för folket", för även om det grälar är det fortfarande ett (i singular), därav "stor rädsla".

Rabbi Moshe Taitelboim, *Yishmach Moshe* (Låt Moses fröjdas),
Balak, s. 71b

Därför, sa han, "Kom samman och hör, ni Jakobs söner", exakt så, "Kom samman", för han avslöjade för dem att det primära elementet i korrigering är rådet att komma samman, vilket innebär att det kommer att finnas enhet, kärlek och fred i Israel, att de kommer att samlas och tala till varandra om det slutliga syftet. Därmed kommer de att bli belönade med rådets fullständighet, för Israel och Tora [lagen om givande] är ett, i den mån det råder fred och enhet i Israel.

Rabbi Nathan Sternhertz, *Likutey Halachot*
(Diverse regler), *"Rules of the Ninth of Av and Fasts"*
(Regler för den nionde av och fastor), regel nr. 4

Således kommer Israel att vara en helig församling, som en människa med ett hjärta. Sedan, när enhet återställer Israel som tidigare, kommer Satan inte att ha någon plats att placera felaktigheter och yttre krafter. När de är som en människa med ett hjärta, är de som en befäst mur mot de onda krafterna.

Rabbi Shmuel Bornstein, *Shem MiShmuel* (Ett namn ur Samuel),
VaYakhel (Och Moses samlade), TAR'AV (1916)

Detta är den ömsesidiga garanti Mose arbetade så hårt med innan sin död, att förena Israels barn. Alla i Israel är varandras garant [ansvariga för varandra], vilket betyder att när alla är tillsammans, ser de endast det goda.

Rabbi Simcha Bonim Bonhart av Peshischa,
A Broadcasting Voice (En långtnående röst), del 1, *Balak*

Alla Israels själar är i total enhet och på samma nivå, som en karavan som färdas i öknen bland onda bestar med vapen och andra medel, men de onda bestarna är rädda för att närma sig dem. När de dock gav sig av från där de hade rastat, stannade en man ensam kvar och han blev genast dödad av djuren för han hade separerat sig från sitt sällskap.

Rabbi David Solomon Eibenschutz, *Willows of the Brook* (Pilträd)
(relaterat till *Rosh Hashana* som sker på Sabbaten)

Grunden till det ogudaktiga hos den onde Haman, på vilken han byggt sin begäran av kungen att sälja judarna till honom [...] är det han började argumentera, "Det finns ett speciellt folk som spridits utomlands och skingrats", etc. Han kastade sin smuts och sa att den nationen förtjänar att förstöras, för separation härskar mellan dem, de är fulla av stridigheter och gräl och deras hjärtan är långt ifrån varandra. Dock satte han helandet före slaget [vidtog förebyggande åtgärder] [...] genom att skynda på Israel att förenas och vidhäfta med varandra, till dess alla blev en, som en människa, och detta räddade dem, som i versen, "Gå, samla alla judar".

Rabbi Azarya Figo, *Binah LeItim* (*Förståelse för tillfällen*), del 1,
Predikan 1 för Purim

Eftersom de syndat, togs enhetens kraft från de onda och gavs till Israels barn [...] Detta är den stora nåd vi alltid ska minnas. Dessutom bör vi lita på den, då vår intention är god är vi säkra på att lyckas, eftersom kraften av enhet [...] hjälper oss.

Yehuda Leib Arie Altar (*ADMOR* i Gur), *Sfat Emet* (Sanningsenliga läppar), *Beresheet* (1 Mos), *parashat Noah* (Avsnittet Noa), TARLAV
(1875)

Frågan om social sammanhållning, som kan vara källan till all glädje och framgång, gäller särskilt mellan kroppar och kroppsliga angelägenheter hos människor, och separationen mellan dem är källan till varje katastrof och olycka.

Rav Yehuda Ashlag (Baal HaSulam), *Baal HaSulams skrifter*,
"Friheten"

Enhet betyder förlösande

Elia kommer bara för att åtgärda det bristfälliga som finns vid tiden för hans ankomst. Detta är anledningen till att Elia främst kommer för att lösa tvisten, för det förenar verkligen och förbinder Israel till en, tills de är värda att lösas från exilen. Det är så för att Israel inte löses från exilen förrän de är absolut en, som det sägs i *Midrash*, att Israel inte förlöses innan de är en.

> Judah Loewe ben Bezalel (*Maharal* av Prag),
> *Innovations of Legends*, del 4, *Masechet Matrimony*, s. 63

Det är en underbar sak att två profeter förutsåg en mycket viktig profetia gällande tiden för försonande: "Och Jag skall ge dem ett hjärta" (Jeremia 32:39, Hesekiel 11:19). De visste verkligen vad de profeterade; djävulen av separation-av-hjärtan har lurat efter vår nation sedan urminnes tider.

> Avraham Kariv, *Atarah LeYoshnah* (Återställande av gammal härlighet), "The State and the Spirit" (Staten och andan), s. 251

Det är också tydligt att den enorma ansträngning som efterfrågas av oss på den oländiga vägen framåt, kräver enhet lika stark och solid som stål, från alla fraktioner i nationen utan några undantag. Om vi inte kommer ut i förenade led mot de mäktiga krafter som står i vår väg är vi dömda innan vi ens har börjat.

> Rav Yehuda Ashlag (Baal HaSulam), *Baal HaSulams skrifter*,
> "Nationen", s. 487

Kapitel 9: Pluralistiskt talat

(Att åstadkomma social sammanhållning genom den sociala miljön)

Förföljelse och antisemitism, eller dess mer samtida term, judefobi, har varit vårt folks lott under de senaste två årtusendena (minst). Men som vi sett i hela boken uppstod hatet mot judarna inte ur tomma luften. Det har sina rötter i varje människas grundläggande, men oftast omedvetna, krav att judarna måste och kommer att leda dem till att uppnå sitt livs syfte: att ta emot gränslös glädje och njutning.

Hittills har vi diskuterat den judiska nationens mål och roll, och anledningen till vår vånda genom tiderna. Hädanefter kommer vi att diskutera de principer vi måste följa för att nå vårt mål, vilket sammanfaller med mänsklighetens mål.

Drivet efter överlägsenhet

I kapitel 2 introducerade vi våra vises ord som rör de grundläggande begären vid grunden för skapelsen och de fyra nivåer som utgör viljan att ta emot. I korthet sade vi att verkligheten består av en vilja att ge och en vilja att ta mot. Vi lärde från de vise att begäret att ta emot njutning är uppdelat i fyra nivåer, kända som "stilla", "vegetativa", "levande" och "talande". Det är dock fortfarande i huvudsak ett begär som bär olika klädnader på olika utvecklingsnivåer.

Till exempel är det mest grundläggande begäret som finns att upprätthålla sig själv. På den mänskliga nivån skulle det begäret visa sig som att nöja sig med tak över huvudet, även om det bara är en liten hydda, och att kunna hålla sig varm, klädd och mätt. Detta är begärets stilla nivå. Precis som livlösa material som håller sina atomer och molekyler samman men gör väldigt lite annat, kommer en sådan person bara att vilja upprätthålla sig själv, till synes "hålla ihop sina atomer och molekyler" och inte mycket mer.

På begärets vegetativa nivå kommer en person att vilja upprätthålla sig själv på samma nivå som alla andra. Liksom alla plantor av en sort blommar och vissnar på samma gång, kommer en sådan person att vilja vara som alla andra i sin stad eller by, eller följa den senaste trenden som visats på TV.

Om alla är fattiga, kommer den personen inte att känna sig fattig så länge hans eller hennes levnadsstandard är i nivå med standarden för den sociala omgivningen. Och om den nya klädtrenden är att bära vänster sko på höger fot och vice versa, så kommer personen på den vegetativa nivån att känna sig mer bekväm om den bär fel sko på fel fot, så länge han eller hon är i fas med modets rådande trend.

Personen på den levande nivån skiljer sig från det vegetativa planet i det att han eller hon börjar söka efter ett personligt uttryck. En sådan person nöjer sig inte längre med att vara som alla andra, utan behöver etablera sin individualitet. För det mesta leder denna nivå till ökad kreativitet och att personen utmärker sig inom sitt område.

Den talande (mänskliga) nivån är den mest komplexa och besvärliga. Här är det inte nog att uttrycka sig själv. På den här nivån är begäret att bli *överlägsen*. Detta är det begär som får människor att vilja bli erkända som speciella, till och med unika. Med andra ord, på det planet *jämför* vi oss hela tiden med andra.

Dessutom kan vi i dessa dagar inte nöja oss med att vara bäst på någonting; vi strävar efter att bli bäst *någonsin*. Tänk på sportstatistiken vi ständigt hör om: Michael Phelps strävan att slå Mark Spitzs rekord på sju guldmedaljer i simning under 1972 års olympiska spel, eller basketspelare som jämför sig själva med Michael Jordan, eller Roger Federers driv att fortsätta vinna titlar i tennis, även om han redan vunnit fler Grand Slam-titlar än någon annan före honom. Ändå är han fortfarande bekymrad över att han inte har vunnit något olympiskt guld.[221]

Sport må vara ett iögonfallande exempel, men det är verkligen inte ett undantag; det är snarare norm. Den film som drog in mest pengar den första veckan, skivan som sålde mest, företaget som säljer flest telefoner/datorer/bilar – tävlingar och jämförelser finns överallt. Fråga en högskolestudent "Går det bra i skolan?" och du kommer troligen få ett svar liknande "Jag är bland de bästa fem procenten i min klass" (förutsatt att du frågat en duktig elev). Således är det inte längre bra nog att vara bra; *överlägsenhet* har blivit motto i våra liv. Vi kallar det att "bli någon". Vara mig är inte bra nog; om jag inte är *någon*, är jag ingen.

Det finns en chassidisk berättelse om Rabbi Meshulam Zusha av Hanipol (Anipoli), broder till den berömda rabbinen Elimelech av Lizhensk, en av chassidismens grundare. Rabbi Zusha brukade säga, "Om jag när jag kommer till himlen får frågan, 'Varför var du inte Elimelech (Zushas värderade broder), vet jag vad jag ska svara. Men om jag får frågan 'Varför var du inte Zusha', vet jag inte vad jag ska säga".[222] Sensmoralen är tydlig – var dig själv och förverkliga din potential; det är vad du behöver göra i livet.

Men Rabbi Zusha levde på 1700-talet. Idag skulle en sådan moral inte accepteras därför att det som betyder något inte är vem du är, utan vem du är *jämfört med andra*, vilket segment du tillhör i klassen. När det primära mottot i samhället är så alienerande och antisocialt, är det inte underligt att vårt samhälle faller sönder.

Från mig, till oss, till ett

Med vår nuvarande kunskap om den mänskliga naturen kan vi inte undvika denna konkurrensbetonade och alienerande attityd, eftersom det kommer inifrån, ett diktat av begärets fjärde, talande nivå, och vi kan inte stoppa begärens evolution, liksom vi inte kan stoppa hela naturens evolution. Dessutom kommer vi, om vi ska kunna uppnå syftet med skapelsen – att bli lik Skaparen – att behöva ett robust begär som bränsle för att ta oss framåt, vilket innebär att vi inte får förminska eller förtrycka våra begär, för då kommer vi inte att nå vårt livsmål.

Men att inte kunna stoppa stegringen av våra självcentrerade begär betyder inte att vi måste ge vika för en trend av försämrade mänskliga relationer på alla plan. Vårt samhälle *måste* inte sjunka till en punkt där allt vi kan göra är att fylla på varor, ta skydd och ligga lågt i väntan på att ett mirakel ska rädda oss från våra medmänniskor.

Faktum är att även om vi valde att försöka skydda oss själva, som vår nations sorgsna historia tyder på och naturens lagar dikterar, kommer nationerna inte tillåta oss att förbli passiva. När problem uppstår är det garanterat att judarna ännu en gång kommer att få skulden för det och följaktligen plågas, kanske värre än någonsin. Men i motsats till tidigare prövningar, finns det mycket vi kan göra för att förhindra detta.

Minns den första "Egokämpen"

När begärets talande nivå först bröt ut som egoism var Babylon vid sin glansperiod, och Abraham var den som stod inför att försöka lösa mysteriet med sitt folks sociala nedgång. Hans ortsbor var så försjunkna i att bygga sitt torn att de fullkomligt övergav sitt kamratskap. De var inte längre "av ett språk och ett tal" (Första Mosebok 11:1); det enda de brydde sig om var tornet.

Boken *Pirkey de-Rabbi Eliezer* (Rabbi Eliezers kapitel) skildrar Abrahams bestörtning över sitt folks nya passion: "Rabbi Pinchas säger att det inte fanns några stenar där [i Babylon] att bygga staden och tornet med. Vad gjorde de? De formade tegelstenar och brände dem som hantverkare gjorde, tills de byggt det [tornet] sju kilometer högt. De som skulle bära upp teglet klättrade upp från östra sidan och de som skulle ner klättrade på den västra sidan. Och om en man föll och dog brydde de sig inte om honom. Men om en tegelsten föll, satt de ned och jämrade sig och sa, 'när får vi upp en annan i stället?' När Abraham, Terachs son, kom förbi och såg dem bygga staden och tornet, förbannade han dem i Guds namn".[223]

111

Men Abraham gjorde mer än att förbanna byggarna. Först försökte han läka klyftan och föra sitt folk samman igen. *Midrash Rabba* berättar för oss att Abraham samlade alla människor i världen,[224] och Rabbi Bechayei Ben Asher talar om för oss hur Abraham blottställde Nimrods sken av överjordiska krafter. i sin *Midrash*, *Rabeinu* (vår Rav) *Bechayei*, skriver han:

> "[Nimrod] sa till honom, 'Jag skapade jorden och himlen med min kraft'. Abraham svarade, '[...] när jag kom ut ur grottan, såg jag solen stiga i öst och gå ner i väst. Få den att gå upp i väster och ned i öster och jag skall buga inför dig. Men om inte, kommer den som gav min hand styrkan att bränna alla avgudar att ge mig kraft och jag kommer att döda dig'. Nimrod frågade sina rådgivare, 'Vad ska vi döma denne till?' De svarade, 'Han är den om vilken vi sade, 'En nation skall träda fram genom honom och ärva denna värld och nästa värld.' Och nu, såsom domen han uttalat, så skall ske med honom.' Snabbt slängde de ned honom i smältugnen. Då fyllde Herren honom med nåd och räddade honom, som det står skrivet, 'Jag är Herren, som förde dig ut ur kaldéernas Ur'".[225]

Efter sin hetsiga diskussion med kungen tog Abraham sin familj, sina studenter och sina saker och flydde från Babylon. Längs vägen samlade han till sitt följe folk som höll med om hans budskap – "När man står inför egoism, förenas ovan den". Med andra ord att, när hat utbryter bland vänner, göra det gemensamma målet att avslöja Skaparen – givandets kvalitet, den grundläggande kraften som skapar verkligheten – viktigare än de rivaliserande parterna, och därmed förenas ovan rivaliteten. Bonus för sådana gärningar är förstärkt enhet, efterföljande förvärv av givandets kvalitet hos de tidigare motståndarna och därmed, uppenbarelsen av Skaparen.

Ovanstående mening beskriver essensen av fusionen, läkandet av separationen, som Abraham försökte göra för människorna i hans land. Och den essensen – enhet ovan olikheter ökar sammanhållningen och (om du vill det) avslöjar Skaparen – har aldrig förändrats. Faktum är att den *aldrig* kommer att förändras då det är naturens lag av givande.

Som beskrivs i introduktionen till denna bok, lyckades Abrahams grupp att förenas och växte till det som blev Israels folk, en nation vars gemensamma drag är begäret efter Skaparen. Genom enhet ovan olikheter, som det förklarades i kapitel 1, utvecklade Israel en metod med vilken man kan ändra sina tankar från "mig"-läge till "vi"-läge, och därigenom uppfatta den "Ende", Skaparen.

Medan Israel gick från klarhet till klarhet genom att använda enhet över egoism, upplevde resten av världen episoder av ebb och flod med imperier som steg och föll, och den hedonistiska kulturen av njutningslystnad blev dominant. Av denna anledning är Abrahams monoteism, även i dag i den mest hedonistiska av alla epoker, det dominerande Gudsbegreppet, medan tornet i Babylon är en symbol för mänsklig fåfänga och dårskap.

De enda som kan utbilda världen om hur man kan bli lika klok som Abraham är därför de som var hans studenter, Israels barn, kända världen över som judar. Denna visdom var Abrahams arv till dem, och att föra den vidare så som han gjorde är deras skyldighet till världen.

Kämpens arv sparat för hans avkomma

Idag förstår tillräckligt många människor att det enda sättet att undvika en global katastrof är att förenas. Det kan uttryckas i andra termer, såsom "samarbete", "samordning" eller "omsorg", men oavsett vilken term man använder är det rimligt att säga att vi redan förstår att vi är beroende av varandra och sammankopplade. Denna verklighet skapar en situation där vi *faktiskt* är förenade i alla våra globala system. Men i den mån vi är sammanlänkade, är vi också känslomässigt fjärmade och förbittrade över situationen.

Ett sätt att lösa denna kontrast är att försöka "avglobalisera" oss själva. Medan det inte råder någon tvekan om att en nedmontering av distributionskedjan från utvecklingsländerna och att producera allt inrikes skulle orsaka stora ekonomiska och finansiella utmaningar, säger kanske vissa att det är värt priset. Må så vara, men oavsett om det är värt det eller inte, förnekar ingen att isolationism medför en rejäl prislapp. Dessutom är denna idé enligt vissa helt orealistisk.

En av dem, ekonomen Mark Vitner, beskrev försök att knyta upp den globala sammankopplingen som "försök att göra krossade ägg hela igen. Det låter sig helt enkelt inte göras så lätt".[226]

Det motsatta alternativet till avglobalisering är att omfamna globaliseringen, utöka den, samordna den, göra den perfekt och samtidigt lära sig att tycka om varandra så att *alla* kan dra nytta av välståndet. Allt vi behöver för att nå dit är den metod med vilken vi kan skifta våra tankemönster från mig (fokus på mig själv), till vi (fokus på alla människor), till en (fokus på samhället som en enhet).

Idag, nästan 4 000 år efter Abrahams flykt från Babylon, är världen redo att lyssna. Vi har alla lidit nog och vi har alla blivit för smarta för att tro att vi kan klara det på egen hand och visa Moder Natur, Gud, att vi inte behöver henne för vi är starkare och klokare.

Varför bilda ett samhälle som förespråkar sammanhållning?

I första kapitlet diskuterade vi begreppet "formlikhet" som säger att man kan se något, identifiera det och avslöja det om man är lik det. Det blir lättare för oss att förstå den tanken om vi överväger hur radiomottagare fungerar. En mottagare kan bara fånga upp vågor när den skapar identiska vågor inuti sig. Likaså upptäcker vi saker som till synes existerar på utsidan – men bara enligt det vi har skapat inom oss. Det är så här vi upptäcker Skaparen, givandets egenskap, genom att skapa den kvaliteten inom oss upptäcker vi den även utanför oss.

Det är denna princip, "formlikhet", som gjorde Abrahams metod så framgångsrik. Hans grupp skapade den kvaliteten sinsemellan och upptäckte därmed Skaparen. Det vill säga att de genom att flytta från "mig"-läget till "vi"-läget upptäckte "ett"-läget, Skaparen, det enda läge som verkligen existerar.

I dagens värld är det av största betydelse för vår överlevnad att uppnå social sammanhållning. Vi kanske skulle se uppenbarelsen av Skaparen som ett slags "tillbehör", om det inte vore för det faktum att Skaparen är givandets kvalitet, en egenskap utan vilken vi aldrig kommer att uppnå enhet och därmed aldrig kunna laga den globala separation som hotar att driva världen mot en global konfrontation. Därför är det viktigt att påskynda spridningen av Abrahams metod, att uppnå enhet genom formlikhet.

För att göra det måste vi först överge en vanlig uppfattning i vårt samhälle – idén att vi har "fri vilja". Forskning visar att det inte finns något sådant, åtminstone inte på det sätt vi normalt ser på det – att vi gör vad vi vill av vår egen fria vilja. Under senare år har data hopat sig, som visar vårt beroende av samhället. Dessa studier visar att inte bara vårt uppehälle är beroende av samhället, utan även våra tankar, ambitioner och möjligheter att lyckas i livet. Faktum är att själva definitionen av framgång är föremål för samhällets nycker. Och sist men inte minst påverkas i stor utsträckning vår fysiska hälsa väsentligt av samhället.

Den 10 september 2009 publicerade *The New York Times* en artikel med titeln "Gör dina vänner dig fet?" av Clive Thompson.[227] I sin berättelse beskriver Thompson ett fascinerande experiment som gjordes i Framingham, Massachusetts. I experimentet – som senare publicerades i den berömda boken *Connected: The Surprising Power of Our Social Networks and How They Shape Our Lives—How Your Friends' Friends' Friends Affect Everything You Feel, Think, and Do* – dokumenterades och registrerades 15 000 personers liv periodvis över femtio år. Professorerna Nicholas Christakis och James Fowlers analyser av datan visade häpnadsväckande upptäckter om hur vi påverkar varandra på alla nivåer – fysiskt, emotionellt och mentalt – och hur idéer kan vara lika smittsamma som virus.

Christakis och Fowler fann att det fanns ett inbördes nätverk mellan mer än 5 000 av deltagarna. De upptäckte att människor i nätverket påverkade varandra ömsesidigt. Thompson skrev:

"Genom att analysera informationen från Framingham [har de] för första gången funnit en solid grund för en potentiellt kraftfull teori i epidemiologi: att goda beteenden – som att sluta röka, hålla sig smal eller vara lycklig – går från vän till vän nästan som om de var smittsamma virus. Informationen visade att deltagarna i Framingham påverkade varandras hälsa bara genom att umgås. Och samma sak

med dåliga beteenden – kluster av vänner verkade "smitta" varandra med fetma, olycka och rökning. Det verkar som att hälsa inte bara är en fråga om dina gener och din diet. God hälsa är också delvis en produkt av din blotta närhet till andra hälsosamma människor".[228]

Ännu mer överraskande var forskarnas upptäckt att denna smitta kunde "hoppa" över förbindelser. De upptäckte att människor kunde påverka varandra även om de inte kände varandra! Dessutom fann Christakis och Fowler belägg för dessa effekter tre steg bort (en vän till en vän till en vän). Med Thompsons ord:

"När en invånare från Framingham blev fet, blev sannolikt 57 procent av hans eller hennes vänner också feta. Ännu mer förvånande [...] verkade det hoppa över länkar. En Framinghambo led ungefär 20 procent större risk att bli fet om en vän till en vän blev fet – även om vännen inte gick upp ett enda hekto. Faktum är att en persons risk för fetma ökade med ungefär 10 procent även om en vän till en vän till en vän gick upp i vikt".[229]

Citerande professor Christakis skrev Thompson:

"I någon mening kan vi börja förstå människors känslor såsom lycka på samma sätt som vi till exempel studerar varför bufflar skenar. Du frågar inte en enstaka buffel 'Varför springer du åt vänster?' Svaret är att hela flocken springer åt vänster".[230]

Men det finns annat med social smitta än att kontrollera sin vikt eller hur det ligger till med hjärtat. Under en TED-föreläsning förklarade professor Christakis att våra sociala liv, och därmed – att döma av ovanstående punkter – en stor del av vår kroppsliga hälsa, beror på kvaliteten och styrkan i våra sociala nätverk och vad som strömmar genom det nätverkets ådror. Med hans ord:

"Vi bildar sociala nätverk eftersom fördelarna med ett liv i sammanhållning uppväger kostnaderna. Om jag alltid var våldsam mot dig [...] eller gjorde dig ledsen [...] skulle du klippa banden till mig och nätverket skulle upplösas. Så att sprida goda och värdefulla saker krävs för att upprätthålla och ge näring till sociala nätverk. På samma sätt krävs sociala nätverk för att sprida goda och värdefulla saker såsom kärlek, vänlighet, lycka, altruism och idéer. [...] Jag tror att sociala nätverk i grunden är relaterade till godhet och vad jag tror att världen behöver nu är fler förbindelser".[231]

116

Men vi påverkas inte bara av människorna runt omkring oss. Vi påverkas väsentligt av media, politik, både nationell och internationell, och vi påverkas av konjunkturen. I *Runaway World: How Globalization Is Reshaping Our Lives* (En skenande värld: Hur globaliseringen formar våra liv) uttrycker den kände sociologen Anthony Giddens kortfattat men ändå noggrant vår parallella samhörighet och förvirring: "På gott och ont, blir vi framdrivna mot en global ordning som ingen helt förstår, men som gör dess effekter märkbara hos oss alla".[232]

Under de senaste åren har företagsvärlden fångat upp idén, utbildningar och kurser har i överflöd dykt upp på internet som lovar vinning från den nya trenden: social smitta. I *Homo Imitans: The Art of Social Infection: Viral Change in Action* (Den härmande människan: Den sociala infektionens konst: Viral förändring i praktiken), erbjuder psykiatrikern och ledarskapskonsulten dr Leandro Herrero en vitsig sammanfattning av den mänskliga naturen vad gäller den sociala miljöns påverkan: "Vi är intellektuellt komplexa, rationellt eleganta, mycket upplysta, osofistikerade kopieringsmaskiner".[233] Och för att fullborda sin ironi om den mänskliga naturens förtjänster skriver han, "Trådarna i den rika väven av Homo Sapiens beteenden består av imitation och påverkan".[234]

Emellertid ligger inte problemet i vårt beteende mot varandra eller mot Jorden, inte för att det finns mycket att vara stolt över vad gäller vår behandling av varandra och av moder jord. Vårt beteende är ett symptom på en djupare förändring, ett utbrott av egoism på begärets talande nivå, som ingen har någon lösning till.

Med det sagt förstår många människor redan att förändringen måste komma inifrån. Pascal Lamy, generaldirektör för Världshandelsorganisationen (WTO), konstaterade att:

"Den verkliga utmaningen i dag är att förändra vårt sätt att tänka – inte bara våra system, institutioner eller politik. Vi behöver fantasin att förstå det enorma löfte – och den utmaning – som finns i den sammankopplade värld vi skapat. [...] I framtiden väntar mer globalisering, inte mindre, mer samarbete, mer interaktion

117

mellan folk och kulturer och ännu större delat ansvar och intressen. Det är enhet i vår globala mångfald vi behöver i dag".²³⁵

Faktum är att Lamy har rätt i många avseenden. Under senare år har neuroforskare gått igång på en relativt ny upptäckt, spegelneuroner. I korthet är spegelneuroner celler i ett område mellan prefrontala och motoriska cortex i hjärnan som är involverade i förberedelserna för och genomförandet av rörelser i lemmarna. Men enligt en artikel publicerad i *Psychology Today* spelar de också en viktig roll i vår sociala sammankoppling.

"År 2000 gjorde den karismatiske neuroforskaren Vilayanur Ramachandran en djärv förutsägelse: 'spegelneuroner kommer att göra för psykologin vad DNA gjort för biologin'. [...] För många har de kommit att representera allt som gör oss till människor.

I sin bok från 2011, The Tell-Tale Brain, flyttade Ramachandran fram sina positioner. [...]Han hävdar att spegelneuroner ligger bakom empati, gör det möjligt för oss att imitera andra människor, att de påskyndat hjärnans utveckling, att de hjälper till att förklara ursprunget till språket och det mest imponerande av allt, att de gav upphov till det stora språnget framåt i den mänskliga kulturen som hände för omkring 60 000 år sedan. 'Vi skulle kunna säga att spegelneuroner tjänade samma roll i början av hominidernas evolution som internet, Wikipedia och bloggandet gör i dag', avslutar han.

Ramachandran är inte ensam. När den framstående filosofen A.C Grayling 2009 skrev för The Times (London) om vårt intresse för kändisars liv, spårade han det hela till dessa neuroner. 'Vi har en stor gåva för empati', skrev han. 'Det här är en biologiskt utvecklad kapacitet, vilket framgår av 'spegelneuronernas' funktion.' I samma tidning skrev Eva Simpson i år om varför folk blev så rörda när Andy Murray bröt samman i tårar. [...] 'Skyll på spegelneuroner, hjärnceller som får oss att reagera på samma sätt som den vi tittar på'. I en artikel i New York Times 2007, om en mans heroiska insats för att rädda en annan, dök cellerna upp igen: 'människor har 'spegelneuroner", skrev Carla Buckley, 'som får dem att känna det någon annan upplever'".²³⁶

Enligt Jarrett, verkar det som att:

"spegelneuroner spelar en kausal [betoning i källan] roll i att få oss att förstå målen bakom andra människors handlingar. Genom att representera andra männi-

118

skors handlingar i vår egen hjärnas rörelsemönster, resonerar man, ger oss dessa celler en omedelbar simulering av deras avsikter – en mycket effektiv grund för empati".[237]

Även om det finns en hel del oliktänkare om teorierna om spegelneuroner, är det tydligt att våra kroppar tillägnar delar av hjärnan speciellt för kommunikation med andra. På det sättet ansluter vi *fysiskt* till andra utan att ha fysisk kontakt med dem, bara ögonkontakt. På ett sätt bekräftar dessa celler Christakis och Fowlers ord:

"2000-talets stora projekt – att förstå hur hela mänskligheten kommer att vara större än summan av dess delar – har just börjat. Likt ett barn som håller på att vakna håller den mänskliga superorganismen på att bli självmedveten och detta kommer säkerligen att hjälpa oss att uppnå våra mål".[238]

Sammanhållning på en global skala

Vi återvänder för en stund till vår gemensamma monoteistiska förfader. Efter utvisningen från Babel grundade Abraham ett isolerat samhälle som rörde sig som en grupp och fungerade i ömsesidig garanti. Han skapade en social miljö som stödde gemenskap, enhet och sammanhållning och bifogade alla de elementen till förvärvet av kvaliteten av givande, Skaparen. Vår uppgift i dag är att göra just det, men på en global skala.

Eftersom vi verkligen har blivit medvetna om att vi är en superorganism, måste vi så klart fungera som en – i ömsesidighet och med ömsesidigt stöd för varandra. Men då vi inte kan lära hela världen att fungera på det här sättet, behöver vi *visa* världen ett exempel; då kommer världen att göra resten genom vår förmåga att känna empati, eller som dr Herrero uttryckte det, genom "imitation och påverkan". När allt kommer omkring, om folk ser en bra idé anammar de naturligtvis den.

När folk ser att judarna har något som kan vara bra för dem och att judarna vill dela med sig av det, kommer de därför inte bara att stödja oss utan ansluta sig till oss. Det var på detta sätt, vilket nämndes i inledningen, som Abraham samlade fler och fler människor till sitt följe när han reste från Babylon till Kanaan, då "tusentals och tiotusentals samlades runt honom, och de är folket av 'Abrahams hus'".[239]

Fyra påverkande faktorer

I sin essä *Friheten* avhandlar Baal HaSulam utförligt det mänskliga psykets struktur och vad vi behöver fokusera på för att uppnå en varaktig förändring i våra samhällen.[240] Genom en lång analys av samspelet mellan arv och miljö, förklarar Ashlag att fyra faktorer samverkar för att göra oss till de vi är:

1) Gener;

2) Det sätt våra gener manifesteras genom livet;

3) Den direkta omgivningen, såsom familj och vänner;

4) Den indirekta miljön, som media, ekonomi eller vänners vänner.

Eftersom vi inte väljer våra föräldrar, kan vi inte styra vår genpool. Men våra gener är enbart "potentiella vi", inte de "faktiska vi" som så småningom manifesterar sig när vi blir vuxna. Det faktiska "vi" består av alla fyra faktorer. Dessutom påverkar och *förändrar* de senare två – som avser miljön – våra gener så att de passar omgivningen.

Låt oss undersöka följande underbara exempel på hur miljön förändrar generna, som rapporterats av Swanne Gordon vid University of California i en essä med titeln *Evolution Can Occur in Less Than Ten Years* (Evolution kan ske på mindre än 10 år) som publicerades i *Science Daily*.

"Gordon och hennes kollegor studerade guppyer – små sötvattensfiskar [...] De planterade guppyerna i den närbelägna Damierfloden [Trinidad], ovanför ett vattenfall som var som en barriär och utestängde alla rovdjur. Guppyerna och deras ättlingar koloniserade även den nedre delen av strömmen, nedanför vattenfallets barriär, där det fanns naturliga rovdjur. Åtta år senare [...] fann forskarna att gup-

pyerna i omgivningen med nästan inga rovdjur [...] hade anpassat sig till sin nya miljö genom att producera större och färre avkomma med varje reproduktionscykel. Ingen sådan anpassning sågs hos guppyerna som koloniserade miljön med många rovdjur. Honor i en miljö med många rovdjur satsar mer resurser på nuvarande reproduktion på grund av hög dödlighet, driven av rovdjur, för dessa honor kanske inte får en andra chans att reproducera', förklarar Gordon. 'Honor i en miljö med få rovdjur, å andra sidan, producerar större embryon för att de större ungarna är mer konkurrenskraftiga i de resursbegränsade miljöer som är typiska för platser med få rovdjur. Dessutom producerar honor med få rovdjur inte färre embryon bara för att deras embryon är större utan också för att de investerar mindre resurser i nuvarande reproduktion"'.[241]

Dr Lars Olov Bygren, en förebyggande hälsospecialist, dokumenterade ett ännu mer överraskande exempel på hur gener förändras genom miljöeffekter. John Cloud på *Time Magazine* beskriver dr Bygrens forskning om de långsiktiga effekter de extrema överflöds- och nödåren hade på invånarna under 1800-talets isolerade Norrbotten. Men Lars Bygren observerade inte bara effekterna kostsvängningarna haft på människorna som utstått dem. Han undersökte också "om en sådan effekt kunde börja redan *innan* [vår kursivering] graviditeten: Kan föräldrars upplevelser tidigt i livet på något sätt ändra egenskaperna de för över till sin avkomma"?[242] Cloud skriver:

"Det var en kättersk idé. Trots allt har vi haft ett långvarigt avtal med biologin: de val vi gör under våra liv kan förstöra vårt korttidsminne, göra oss feta eller påskynda döden, men de kommer inte ändra våra gener – vårt faktiska DNA. Detta innebar att arvsmassan skulle förmedlas ren när vi får egna barn.

Dessutom var det inte tänkt att några sådana effekter av fostran (miljö) av en arts natur (gener) skulle ske så snabbt. Charles Darwin, vars Om arternas uppkomst *[...] lärde oss att förändringar i evolutionen sker under många generationer och under loppet av miljoner år genom naturligt urval. Men Bygren och andra forskare har nu samlat historiska bevis som tyder på att kraftfulla miljöförhållanden [...] på något sätt kan lämna ett avtryck på det genetiska materialet i ägg och spermier. Dessa genetiska avtryck kan kortsluta evolutionen och föra vidare nya egenskaper under loppet av en enda generation".[243]*

Vi återvänder till Baal HaSulams essä *Friheten*, där han föreslog ett liknande koncept i linje med Bygrens upptäckter. I avsnittet "Miljön som en faktor" skriver han (betoning tillagd), "Det är sant att viljan inte har någon frihet. Snarare drivs den av ovanstående fyra faktorer [Gener, hur de manifesteras, direkt omgivning, indirekt miljö]. Och man är *tvungen* att tänka och undersöka som de föreslår, *förnekad kraft att kritisera eller ändra [...]*"[244]

I det efterföljande avsnittet "Nödvändigheten av att välja en bra miljö" lägger Baal HaSulam till: "Som vi har sett är det en enkel sak som bör följas av var och en av oss. För även om alla har sin egen källa, avslöjas krafterna endast genom den miljö man är i".[245]

Detta kanske låter deterministiskt, för om vi är totalt styrda av vår omgivning verkar det som om vi inte har någon valfrihet. Ändå skriver Baal HaSulam att vi kan och *måste* välja vår omgivning väldigt noggrant. Med hans ord:

"Det finns frihet att initialt välja en sådan miljö [...] som ger bra begrepp. Om man inte gör det, utan är villig att gå in i vilken miljö man än kommer i kontakt med [...], är man bunden att falla ner i en dålig miljö [...] Konsekvensen blir att man tvingas in i dåliga begrepp [...] En sådan person kommer säkerligen att straffas, inte på grund av sina onda tankar eller gärningar, i vilka han/hon inte har något val, utan för att inte ha valt att vara i en bra miljö, för däri finns definitivt ett val. Därför förtjänar en person som ständigt väljer en bättre omgivning beröm och belöning. Men även i det fallet är det inte på grund av ens goda tankar och gärningar, [...] utan det beror på ens strävan efter en bra omgivning, som ger [...] goda tankar".[246]

Vi ser därför att vi alla är potentiellt demoniska, likväl som att vi är potentiellt änglalika. Valet som avgör om vi lever ut den ena extremen eller den andra, eller en blandning av de två, beror inte på om vi väljer att vara det ena eller det andra, utan på den sociala miljö i vilken vi sätter oss själva, eller som vi skapar för oss själva.

Som föräldrar varnar vi instinktivt våra barn att hålla sig borta från de dåliga barnen i grannskapet och från de dåliga eleverna i skolan. Således finns det en inneboende medvetenhet om miljöns påverkan i våra "föräldragener". Nu måste vi utöka den medvetenheten och inse att det inte är tillräckligt att se till att våra barn umgås med de "rätta" barnen. Vi måste börja *utforma* ett nytt paradigm om hur vi ska tänka för oss själva, likväl som för våra barn. Det är ett paradigm där ömsesidigt ansvar spelar en ledande roll, ömsesidig omsorg och kamratskap hamnar i rampljuset och det offentliga samtalet därefter förändras.

Med andra ord måste Rabbi Akivas kända regel "Älska din nästa så som dig själv" ta form och gjutas in i samhällets sätt att leva. Detta sociala paradigm är vårt folks DNA, vårt arv till världen – och det världen, om även undermedvetet, förväntar sig att vi för vidare.

I en tid av på varandra följande och överlappande globala kriser är världen i desperat behov av en livlina, en gnutta hopp. Vi judar är de enda som kan erbjuda det hoppet, som kallas "ömsesidig garanti" (heb. *"arvut"*). Nästa kapitel kommer att beskriva grunderna i förverkligandet av ömsesidig garanti som det dominerande sociala paradigmet.

Kapitel 10: Att leva i en integrerad värld

(En integrerad värld kräver integrerande utbildning)

I förra kapitlet citerade vi Baal HaSulams ord från hans essä *Friheten*, om att vi är "tvingade att tänka och undersöka som den [sociala miljön] antyder", och "nekade all kraft att kritisera och förändra".[247] Baal HaSulam drog slutsatsen att vi för att undvika ett förutbestämt öde kan förändra omgivningen, vilken i sin tur kommer att förändra oss och våra öden. Med hans ord: "En som strävar efter att ständigt välja en bättre miljö är värd lovord och belöning [...] inte på grund av sina goda tankar och gärningar [...] utan för sin strävan att förvärva en god miljö, vilken ger [...] goda tankar".[248]

För att uttrycka det i mer samtida termer kan vi säga att vi för att kanalisera våra liv och våra barns liv i en positiv riktning, behöver främja sociala värden som gynnar den positiva riktning vi vill ingjuta. Vi behöver utbilda oss själva, våra barn och samhället i stort i riktning mot ömsesidigt stöd, ömsesidigt ansvar och slutligen mot enhet och sammanhållning. Som det har visats genom hela boken är det vårt kall som judar.

Vi behöver inte skapa några nya resurser till utbildning för att uppnå detta mål. Allt vi behöver är att ändra de resurser vi redan använder – massmedia, internet, utbildningssystem och våra sociala och familjära band – till att främja släktskap och ömsesidigt ansvar, i stället för den rådande berättelsen om separation och främlingskap.

Vilande inom oss judar finns egenskaperna av enhet och frändskap och mest av allt av ömsesidigt ansvar, det är vår plikt, ja vårt *kall* att väcka dem och erbjuda dem som vår gåva till världen. Som det visats flera gånger i den här boken är enhet judarnas gåva, den egenskap som gör oss unika och den egenskap vi måste ge till resten av världen. Det är den här kvaliteten världen behöver i dag och det är vi som är skyldiga att vårda den inombords och sedan överlämna den till världen.

Det finns två sätt att förmedla ömsesidig garanti och givandets kvalitet. Det första, avsett för dem med "punkten i hjärtat", är som nämnts tidigare i boken ett rättframt studerande av kabbala. Beroende på ens grad av intresse kan det göras på olika nivåer av intensitet, från att titta på TV-program till att studera uppmärksamt (och intensivt) med en grupp och en lärare. Det andra sättet är en metod av enhetsorienterad utbildning avsedd att framkalla sammanhållning och en känsla av ömsesidigt ansvar i samhället. Jag kommer att utveckla dessa sätt ett i taget.

"Punkten-i-hjärtats" väg

För vissa är vägen till enhet relativt enkel. Vi har redan nämnt "punkten i hjärtat", törsten att förstå vad livet handlar om, hur allt fungerar, den längtan som gjorde det möjligt för Adam, Abraham, Isak, Jakob, Moses och hela den nation som uppstod ur utstöttheten från Babylon att utveckla en korrigeringsmetod som förvandlar den onda böjelsen till godhet. De som har den punkten kan börja studera de texter kabbalisterna lämnat till oss som ett medel för att uppnå Skaparen, kvaliteten av givande. Längs vägen kommer de att lära sig att enas på en djup nivå och vara redo att föra den enheten vidare till andra.

De mest lämpliga texterna för att uppnå dessa ändamål i vår generation är Baal HaSulams *Zohar* med *Sulam-* (Stege) kommentaren, ARIs skrifter, företrädesvis med Baal HaSulams kommentarer, publicerade i hans *Talmud Esser HaSfirot (Studien av de tio sfirot)*, likväl som Baal HaSulams andra skrifter, publicerade i *Baal HaSulams skrifter* (heb. *Kitvei Baal HaSulam*, ännu ej översatt till svenska, ö.a.). För att göra dessa och andra texter mer tillgängliga har vi skapat ett gratis onlinebibliotek med autentiska kabbalistiska texter, översatta till dussintals språk.

På ursprunglig hebreiska kan de hittas på www.kab.co.il, och översättningar av en stor del av texterna – inklusive *Introduktion till boken Zohar*, som befäster Rabbi Shimon Bar Yochais (Rashbis) text med kommentarer av Baal HaSulam – finns också på svenska på www.kabbalah.info/se, utan kostnad eller några betingelser alls (information om engelskt material har på denna sida i förekommande fall ersatts av information om svenskt sådant, ö.a.).

På de ovan nämnda webbplatserna finns också skrifter från min lärare, Rav Baruch Shalom Ashlag (Rabash), Baal HaSulams förstfödde son och efterträdare. Även om den stora merparten av hans texter inte har översatts till svenska, har alla hans essäer som lär studenter hur man främjar enhet i studiegrupper blivit publicerade på engelska i boken *The Social Writings of Rabash*. För de som föredrar böcker finns ovanstående publikationer i tryck och kan köpas på www.kabbalahbooks.info eller på amazon.com och andra onlinebutiker.

Dessutom har erfarna elever etablerat ett utbildningscenter som lär ut grunderna i kabbala och hur man kan realisera det så att det blir en del av ens vardag och komplettera ens personliga utveckling för att förverkliga sina mål i livet. För mer avancerade studenter håller jag dagligen en tre timmar lång lektion som sänds direkt på www.kab.tv, med simultantolkning till alla större språk – engelska, spanska, franska, ryska, tyska och andra, sista timman i skrivande stund oftast även svenska. Under dessa lektioner strävar jag efter att avancera eleverna så snabbt och så enkelt som möjligt och samtidigt följa den undervisningsform jag fick från min vördade lärare, Rabash.

Under de senaste två åren har vi också sänt program på amerikanska Tv-kanaler som JLTV och Shalom TV, främst på helgerna. Naturligtvis visar dessa program inte riktigt seriösa kabbalastudier, men de är absolut en bra referens för alla som vill "blöta sina fötter" och se vad dessa studier handlar om.

Integral, enhetsorienterad utbildning

Kabbalastudier är en underbar väg för att uppnå enhet. Det är en metod byggd för precis det ändamålet. Emellertid har de flesta människor inte en kraftfull "punkt i hjärtat" som kräver svar. Det är därför osannolikt att de flesta människor kommer att vilja engagera sig i dessa studier. Men behovet av att etablera ett sammanhängande samhälle är ett globalt behov, inte ett personligt, judiskt eller ens ett landsrelaterat behov.

Dave Sherman, en ledande affärsstrateg och hållbarhetsexpert, beskrev snyggt i filmen *Crossroads: Labor Pains of a New Worldview*, den obehagliga globala situation vi för närvarande har:

> *"Den senaste globala riskrapporten, publicerad av World Economic Forum, presenterar en häpnadsväckande karta över hur risker hänger ihop. Den visar tydligt hur alla globala risker är kopplade till varandra och sammanvävda, och att de ekonomiska, ekologiska, geopolitiska, sociala och teknologiska riskerna är enormt beroende av varandra. En kris i ett område kommer snabbt att leda till en kris i andra områden. Sammankopplingen och komplexiteten i denna karta, jämfört med vår förvåning över effekterna och hastigheten av den senaste tidens finansiella kriser, illustrerar den oförenlighet som finns mellan alla system vi byggt, och visar hur åtskilda vi blivit. Våra försök att hantera dessa system är fragmenterade och förenklade och når inte upp till de utmaningar vi står inför i dag".*[249]

För att ta itu med denna kontrast mellan vår egen åtskildhet och sammankopplingen mellan systemen vi byggt, behöver vi utveckla ett sammankopplat tänkande, en inkluderande uppfattning av vår värld. Integrerande Utbildning (IU), den tidigare nämnda "enhetsinriktade utbildningen", behandlar just dessa punkter.

Termen 'integrerad' betyder enligt Thomas J. Murray vid School of Education vid University of Massachusetts "olika saker för olika människor och detsamma gäller för integrerande utbildning".[250] Den vanligaste uppfattningen av IU, som beskrivs i Wikipedia, är att det är "en utbildningsfilosofi och praktik för hela barnet: kropp, känslor, sinne, själ och ande".[251]

127

Att relatera till hela barnet i utbildningsprocessen är förvisso be-
römvärt. Men i dagens sammanlänkade värld är det helt enkelt inte
tillräckligt. Som vi har visat i föregående kapitel lär vi oss i första
hand, om inte *enbart,* genom miljön. Därför måste fokus i utbild-
ningen vara att forma en miljö som ingjuter våra valda värden och
informationen i både barn och vuxna.

Vuxenskolan: En guide för de förvirrade

Förutom den talande, naturens mänskliga nivå, fungerar alla de
andra nivåerna – stilla, vegetativ och levande – i ömsesidig garanti.
Homeostas matchar enligt definitionen i *Webster's Dictionary* perfekt
beskrivningen av ömsesidig garanti på nivåerna under den talande:
"Ett relativt stabilt jämviktsläge eller en tendens till ett sådant läge
mellan de olika men samverkande delarna eller grupperna element i
en organism, befolkning eller grupp".[252]

Vårt nuvarande främst kapitalistiska samhälle skyr jämvikt, hånar
tendensen till det och fruktar ömsesidigt beroende. Faktum är att vi
i samhället stöder och driver kampanj för det motsatta. Vi prisar
individuella prestationer inom sport, affärer, politik och akademin
och vi idoliserar de i toppen. Vi förbiser de som bidrar till välbefin-
nande för kollektivet och ger näring till individualism och obero-
ende.

Men ett samhälle som fungerar på detta sätt består inte särskilt
länge. Tänk på våra mänskliga kroppar. Om våra kroppar förde sig
med de värderingar som dominerar vårt samhälle, skulle vi inte klara
oss förbi den första celldelningen som embryo. Så snart våra celler
börjar forma olika organ, skulle de börja slåss med varandra om
resurser och embryot skulle upplösas. Livet skulle inte vara möjligt
om någon del av det tog till sig de individualistiska värden som just
beskrivits. Det är *på grund av* att livet, naturen, följer reglerna för
homeostas som vi kan utveckla och upprätthålla oss själva och har
utvecklats till den punkt där vi kan begrunda naturen och syftet
med vår existens.

Det är inte bara organismer, utan hela vårt planetära ekosystem, även kosmos, befinner sig i ett tillstånd av homeostas. När balansen bryts ner uppstår snart problem. En ögonöppnande och ganska underhållande rapport lämnades till amerikanska utbildningsdepartementet i oktober 2003, av Irene Sanders och Judith McCabe, som tydligt visar vad som händer när vi tippar ett ekosystem ur dess homeostatiska läge:

"1991 sågs en späckhuggare äta en havsutter. Späckhuggare och uttrar lever normalt fredligt tillsammans. Så vad hade hänt? Ekologer fann att havsabborrar och sill också minskar. Späckhuggare äter inte de fiskarna, men sälar och sjölejon gör det. Sälar och sjölejon är det späckhuggare vanligtvis äter och deras population hade också minskat. Berövade sina sälar och sjölejon började späckhuggarna vända sig till de lekfulla havsuttrarna för sin middag.

Uttrar har alltså försvunnit på grund av att fisken, som de aldrig ätit till att börja med, hade försvunnit. Nu sprider sig krusningen. Uttrar finns inte längre där och äter sjöborrar, så populationen av sjöborrar har exploderat. Men sjöborrar lever på skogar av havsbottentång, så de tar död på havstången. Tången har blivit hem för fiskar som måsar och örnar lever på. Liksom späckhuggare kan måsar finna annan föda, men örnar kan inte det så de får problem.

Allt detta började med att havsabborre och sill minskade. Varför? Jo, japanska valfångare har dödat olika valar som äter de mikroskopiska organismer som föder pollock [en typ av köttätande fiskar]. Med mer att äta frodas pollock. I sin tur attackerar de abborrar och sill som var föda åt sälarna och sjölejonen. Med minskningen av populationen av sjölejon och sälar, måste späckhuggarna vända sig mot uttrarna".[253]

Tänk på hur vi beter oss mot varandra. Vi är tävlingsinriktade, alienerade, isolerade från varandra och strävar efter att överträffa andra. Håll i minnet att detta inte är undantag utan *normen*, värdena vi *alla* lär våra barn som det "rätta" sättet att vara. Detta är anledningen till att en vuxenskola, en guide för de förvirrade vuxna, är nödvändig.

Det sätt på vilket den här skolan kommer att verka bör variera från plats till plats och från land till land. Varje nation och landsdel har sin egen mentalitet och kultur, olika nivåer av teknologisk utveckling och kommunikationsmedel och traditioner genom vilka människor lär. Av denna anledning måste varje land och ibland varje stad utveckla sin egen utbildningsmetod. Emellertid *måste det grundläggande innehållet, principerna som alla dessa utbildningssystem för vuxna kommer att lära ut, vara detsamma.* Annars kommer det att resultera i en skillnad i befolkningens engagemang för ömsesidigt ansvar och i förståelsen av dess betydelse för våra liv.

Låt oss undersöka några av de grundläggande principer som utbildning i riktning mot ömsesidig garanti bör ingjuta.

Prosociala medier

I Baal HaSulams skrifter *(Kitvei Baal HaSulam)* hävdar Ashlag:

> *"Den största av alla tänkbara njutningar är att gynna människor. Det är värt att spendera all sin energi och fysiska njutningar för att få en viss mängd av det underbara. Detta är den magnet som har lockat de största i alla generationer och för vilken de trivialiserat livet i köttet".[254]*

För att förändra vårt sociala beteende måste vi därför ändra vår *sociala miljö*, från en som främjar individualitet till en som främjar ömsesidighet. Praktiskt sett kan vi använda media för att visa hur grupparbete ger bättre resultat än individuellt arbete och att konkurrens är skadligt för ens lycka och hälsa. När vi inser att det finns en större belöning i kooperativt beteende än i individualism, blir det lätt att samarbeta och dela.

I den insiktsfulla boken *The Wisdom of Teams: Creating the High-Performance Organization* (Gruppers visdom: Skapandet av en väl presterande organisation) beskriver författarna Jon R. Katzenbach och Douglas K. Smith en framgångssaga som är värd att nämna i samband med lagarbetets fördelar. Burlington Northern Railroad var ett framgångsrikt fraktbolag och är fortfarande en del av ett stort företag ägt av Berkshire Hathaway, som kontrolleras av Warren Buffett. 1981 revolutionerades Burlington Northern Railroad av sju män – Bill Greenwood, Mark Cane, Emmet Brady, Ken Hoepner, Dave Burns, Bill Dewitt och Bill Berry – som använde den amerikanska avregleringen av järnvägmarknaden till att påskynda leveranser av gods och minimera kostnaderna. Så här beskriver Katzenbach och Smith den anda med vilken de utförde den revolutionen:

"Alla riktiga team delar ett engagemang för deras gemensamma ändamål. Men bara exceptionella lagmedlemmar [...] blir också djupt engagerade i varandra. De sju männen utvecklade en oro och ett engagemang för varandra lika djupt som för visionen de försökte genomföra. De brydde sig om varandras välfärd, stöttade varandra närhelst det behövdes och arbetade ständigt med varandra för att få gjort vad som än behövde göras".[254]

En sådan berättelse skulle kunna vara en kraftfull förespråkare till förmån för enhet över konkurrens. Det enda problemet är att i vår ultrakonkurrerande värld används även enhet för att gynna *personligt* inflytande för den grupp som utövar det (eller ska vi säga, begår det, på grund av att det missbrukas). I dagens sammanlänkade och ömsesidigt beroende värld, är denna typ av enhet ohållbar.

I vårt självcentrerade samhälle kommer enhet finnas så länge det är lukrativt för de inblandade. I föregående kapitel, i avsnittet "Från mig, till vi, till ett", beskrev vi konkurrensens skadeverkningar. Samtidigt erkände vi att "med vår nuvarande kunskap om den mänskliga naturen kan vi inte undvika denna konkurrerande och alienerande attityd därför att den kommer inifrån oss, ett diktat från den fjärde, talande nivån av begär och vi kan inte stoppa utvecklingen av begären".

Vi har redan sagt att vi inte behöver hindra vår evolution, bara föra den i en konstruktiv riktning för alla. Det mest behjälpliga sättet att uppnå detta är genom massmedia. Om vi utvecklar prosocialt medieinnehåll och bombarderar oss själva med det lika mycket som vi i dag överöser oss med reklam och information som syftar till att utarma våra bankkonton, kommer vi att upptäcka att vi kan leva i ett väldigt annorlunda samhälle än det nuvarande.

Människors nutida hemmiljöer innehåller en hel del medieunderhållning, antingen genom TV eller via internet. En publikation av amerikanska utbildningsdepartementet med titeln *Media Guide – Helping Your Child Through Early Adolescence* (Medieguide – Hjälper ditt barn genom de tidiga tonåren) uppgav att "Det är svårt för ungdomar att förstå världen utan att beakta den enorma inverkan som massmedia har på deras liv. Den tävlar med familj, vänner, skola och samhället med sin förmåga att skapa ungdomars intressen, attityder och värderingar".[255] Tyvärr är de flesta intressen som media formar antisociala.

Till exempel fastslår en onlinepublikation från University of Michigan Health System att:

"Bokstavligen tusentals studier sedan 1950-talet har frågat om det finns ett samband mellan exponering för medievåld och våldsamt beteende".[256] Alla utom 18 har svarat, 'Ja'. [...] Enligt AAP (American Academy of Pediatrics) är det så att 'Bevis från omfattande forskning indikerar att medievåld kan bidra till aggressivt beteende, desensibilisering för våld, mardrömmar och rädsla för att skadas".[257]

För att förstå hur mycket våld unga medvetanden absorberar, överväg denna information från den ovan nämnda publikationen: "Ett genomsnittligt amerikanskt barn kommer att ha sett 200 000 våldshandlingar och 16 000 mord på TV vid 18 års ålder".[258] Om den här siffran inte verkar alarmerande, betänk att det går 6 570 dagar på 18 år. Det betyder att ett barn i genomsnitt, vid 18 års ålder, har exponerats för drygt trettio våldsdåd på TV, varav 2,4 är mord, *varje dag av hans eller hennes unga liv.*

I samma ton beskriver dr Barbara M. Newman och Philip R. Newman i boken *Development Through Life: A Psychosocial Approach* (Utveckling genom livet: Ett psykosocialt angreppssätt), som publicerades 2008, hur "Exponering för många timmars Tv-våld ökar små barns repertoar av våldsamt beteende och ökar förekomsten av arga känslor, tankar och handlingar. Dessa barn är fångade i den våldsamma fantasin då de deltar i den TV-sända situationen medan de tittar".[259] Om vi minns spegelneuronerna och funderar över hur mycket vi och speciellt barn lär genom imitation, kan vi bara föreställa oss vilken bestående skada det vållar dem att titta på våld och vi känner redan av effekterna av denna ondskeutbildning.

Att utveckla media som är prosocial och som stöder ömsesidigt ansvar är därför absolut nödvändigt för vår överlevnad som ett drägligt samhälle. Den måste spela en nyckelroll i att skifta den offentliga atmosfären från utanförskap till kamratskap. Media förser oss med i stort sett allt vi vet om vår värld. Även informationen vi får från vänner och familj kommer vanligtvis via media – den moderna versionen av skvaller.

Men media förser oss inte enbart med information. Den erbjuder också attityder om människor som vi accepterar eller inte accepterar och våra uppfattningar bildar vi utifrån vad vi ser, hör eller läser i media. Om media skiftar och vänder sig till gemenskap och enhet, kommer den också att ändra den syn de flesta människor har på dessa värden, eftersom dess makt över allmänheten är oöverträffad.

För närvarande fokuserar media på framgångsrika människor, mediemoguler, megapopstjärnor och ultraframgångsrika individer som tjänat miljarder bakom ryggen på sina konkurrenter. I kristider, som efter orkanen Sandy, eller under översvämningar, förenas folk för att hjälpa varandra. Vid sådana tillfällen hjälper dessa berättelser, som medierna sänder i överflöd, att höja vår moral och ge oss hopp för mänskligheten. Men ack, så snart nästa nyhet dyker upp jagar media efter den berättelsen och försvinner, och med följer tron på den mänskliga andan. Istället återkommer känslan av misstänksamhet och utanförskap under bästa sändningstid.

För att åstadkomma en varaktig och grundläggande förändring i vår världsbild, samt få oss att begära kvaliteten av givande, bör medierna presentera en fullständig bild av verkligheten och informera oss om dess struktur som sammanlänkad där vi är beroende av varandra. I detta syfte bör de producera program om hur den kvaliteten påverkar alla naturens nivåer – stilla, vegetativ, levande och talande – och uppmuntra människor att efterlikna den för att göra vårt samhälle likt naturens egenskaper av givande, ömsesidighet och homeostas. I stället för pratshower som idoliserar människor som lyckats, bör dessa shower lovorda människor som hjälpt *andra* att lyckas.

Om medierna visar människor som tar hand om varandra och sätter dem på en piedestal främst för att deras handlingar sammanfaller med naturens lag, lagen om givande, kommer det att gradvis förskjuta allmänhetens gillande från självcentrering till kamratskap. Människor kommer att börja känna att det finns *personlig* vinning i att vara osjälvisk, troligen mycket mer än i vinsten av själviskhet, om det nu finns någon vinst alls i det.

I dag borde media som ett dominerande budskap skildra att "Enhet är roligt och det är också bra för dig; kom med"! Det finns många sätt för media att visa oss att enhet är en gåva.

Även om varje vetenskapsman vet att inget system i naturen fungerar isolerat och att allt handlar om det ömsesidiga beroendet, är de flesta av oss omedvetna om det. När vi ser hur varje fysiskt organ arbetar för hela kroppens bästa, hur bin samarbetar i kupor, hur ett fiskstim simmar så unisont att det kan misstas för en enda gigantisk fisk och hur schimpanser hjälper andra schimpanser, eller till och med människor, utan någon belöning, kommer vi att *veta* att naturens huvudsakliga lag är den om harmoni och samexistens.

Media kan och bör visa oss sådana exempel mycket oftare än de gör. När vi inser att det är så naturen fungerar, kommer vi spontant att granska våra samhällen och sträva efter att efterlikna den harmonin bland oss. Om våra tankar börjar ta den riktningen, kommer de att skapa en annorlunda atmosfär och introducera en anda av hopp och styrka i våra liv, till och med innan vi faktiskt förverkligar den andan, eftersom vi kommer att anpassas till naturens livskraft – Skaparen.

Som just nämnts är vår största glädje att vinna folkets gillande; om andra godkänner våra handlingar och synpunkter känner vi oss lyckade. Om de misstycker till det vi gör eller säger mår vi dåligt och tenderar att dölja våra handlingar eller ändra dem så att de passar den sociala normen. Med andra ord, då det är så viktigt för oss att må bra, bör media använda sin unika position för att ändra människors handlingar och synpunkter.

Föga förvånande är politiker de som är mest beroende av hur människorna i samhället ser på dem, eftersom deras karriärer och försörjning beror på deras popularitet. Om vi visar dem att vi har ändrat våra värderingar kommer de att ändra sina för att följa vårt exempel. Och ett av de enklaste och mest effektiva sätten att berätta för dem vad vi värderar är att visa dem vad vi vill se på TV! Om vi ger högt betyg till program som främjar enhet och kamratskap, kommer politiker att utnyttja den andan och lagstifta om detta. Eftersom politikerna vill stanna på sina poster behöver vi visa dem att de, för att behålla sina positioner, måste främja det vi vill att de ska främja – enhet.

När vi har möjlighet att skapa media som främjar enhet och samarbete i stället för förhärligande av kändisar, kommer vi att skapa en miljö som *övertygar* oss om att enhet och ömsesidigt ansvar är bra.

Nycklarna till enhet

För att skapa ett mer solidariskt samhälle, där medlemmarna är ansvariga för varandra, behöver människor odla några grundregler:

1) Mat och förnödenheter: Först och främst *måste* människor känna sig säkra på att få mat. Utan tryggheten i att kunna ge sina barn och sig själva mat, kommer människor inte att känna att de är en integrerad del av samhället därför att de ständigt måste slåss för att skaffa mat (om inte fysiskt så mentalt).

Dessutom är det viktigt att människor har tillräcklig trygghet vad gäller medicinska tjänster, bostäder, kläder och utbildning. Allt som nämnts ovan kommer att variera beroende på den genomsnittliga levnadsstandarden i varje lokal tätort, men grundläggande uppehälle måste finnas för alla på en nivå som bevarar deras värdighet som människor och som integrerade medlemmar av samhället.

I gengäld mot att garanteras grundläggande uppehälle kommer alla invånare i samhället att gå igenom någon form av träning – som kommer att hjälpa dem att förstå vår världs sammankopplade och ömsesidigt beroende natur – vilket är anledningen till att de får dessa tjänster. De kommer att lära sig att genom att vara i ett samhälle som ser till deras välbefinnande medför det också vissa skyldigheter. Dessa kommer att anknyta till människors attityder mot varandra liksom till deras bidrag av tid eller tjänster för det gemensammas bästa.

Till exempel behöver det inte kosta staten ett öre att se till att alla barn får grundläggande utbildning. Det kan göras av arbetslösa lärare som frivilligt arbetar mot grundläggande uppehälle. Denna åtgärd kommer att bidra avsevärt till den sociala sammanhållningen i samhället och tillsammans med den tidigare nämnda utbildningen kommer det att uppfattas som en del i att forma en bättre värld, vilket ger människor ett annat positivt incitament att arbeta för samhället.

2) Utbildning: Vi har redan nämnt utbildning som hjälper människor att förstå vår världs natur, sammankopplad och där vi är beroende av varandra. Den integrerande utbildningens sociala paradigm föreslår att *alla* medborgare, varje *invånare* i landet kommer att delta i denna utbildning.

Utbildningen har ett dubbelt syfte, ett socialt och ett ekonomiskt. Det ekonomiska ändamålet, som är mer av en tilläggsförmån än ett faktiskt mål i sig, är att förse människor med de kunskaper som krävs för att försörja sig i tider av magra inkomster. Den delen av utbildningen kommer att omfatta konsumentutbildning (privatekonomi), så att folk kan hantera sitt hushåll på ett ekonomiskt hållbart sätt med hjälp av begränsade resurser.

Den andra mer omfattande delen av kursen kommer att omfatta ämnen som rör uppfattningen om sig själv som en del av en större helhet, som delar av ett gemensamt mål. Denna uppfattning är absolut nödvändig för samhällets sammanhållning. Utan den blir det varje människa för sig själv, ett hund-äter-hund-samhälle.

Den växande dissonansen mellan denna typ av samhälle och den aggregativa riktningen i dagens verklighet kommer utan tvekan att öka det redan alltför stora trycket på människors sociala funktion och resultatet blir en härdsmälta i samhället. Om det händer, som historien visar och som beskrivits i tidigare kapitel, kommer judarna att hållas skyldiga, som en följd av någons intuition.

Därför finns här nedan ämnen jag anser bör ingå i den integrerande utbildningen för att inleda människor till en mer sammanhållen och därmed hållbar världsbild:

- Anslutningsmöjligheter i ekonomi, kultur och samhälle och vad det betyder för var och en av oss. Detta ämne kommer att specificera begärens utveckling och hur vi, på fjärde nivån, vill njuta av rikedom, makt och berömmelse, med andra ord självcentrerad njutning och att dessa begär driver oss att anslutas, om än negativt, för att använda oss av varandra.

- Ömsesidigt beroende – varför vi har blivit beroende av varandra och hur det kan påverka våra relationer på de personliga, samhälleliga och politiska nivåerna. Detta ämne bör fortsätta förklaringen av begärens evolution och visa varför våra begär att utnyttja varandra gör oss mer beroende av varandra. Eftersom dessa önskemål får oss att engagera oss i ständigt åtstramande relationer, samtidigt som vi hyser inneboende onda avsikter mot varandra, växer vi oss alltmer sammanlänkade då vi vill använda varandra. Ändå är vi lika beroende eftersom vi är beroende av andra för att tillfredsställa våra önskningar.

- Förbättra sociala, emotionella och mentala förmågor:

o   Lära sig hantera arbetslöshet och den resulterande finansiella otillräckligheten, stress och depression.

o   Kommunikationsförmåga såsom att lära sig att lyssna, hur man uttrycker sina känslor och behov tydligt, att respektera varandra och hur man läser kroppsspråk. Målet här är att desarmera aggression och etablera bättre ömsesidig förståelse.

o   Lösa inhemska konflikter på ett ickevåldsamt sätt.

o   Umgås som ett medel för lärande, självberikande, mildra spänningar och återställa självkänsla.

- Användning av media: Som nämnts ovan är massmedia det mest kraftfulla redskapet när det gäller att forma våra åsikter och värderingar. Av denna anledning kan klok användning av media minska aggressiva tendenser, uppmuntra prosocialt beteende och ge viktig information och förståelse av världen och vår plats i den. Förvisso relaterar termen "media" inte bara till TV och radio utan också till internet, tidningar och vissa former av popkulturen, som filmer och populärmusik.

- Färdigheter i att förvalta tid: Lära sig att använda sin tid till personligt berikande, expansion av sociala kretsar, skaffa nya eller förbättrade yrkeskunskaper och vårda starkare och mer solida familjeband.

- Kvalificera praktikanter till utbildare i framtida kurser och utbildningar.

Där fysisk närvaro är möjlig kommer utbildningen även att ges genom sociala aktiviteter, simuleringar, grupparbeten, övningar och multimediapresentationer. Utbildningen kommer *inte* att ske genom traditionella klasser med läraren längst fram. Snarare kommer lärare och studenter att sitta i en cirkel och konversera som jämlikar och lär således genom ömsesidigt berikande och delande. Där fysisk närvaro inte är möjlig kommer stommen i utbildningen i stort sett att vara interaktiv, med exempel och aktiviteter utformade för e-lärande.

Resultatet av en sådan utbildning bör vara tvåfaldig: 1) Förstå hur man kan hantera sitt personliga liv i dagens instabila sociala miljö och ekonomiska instabilitet; 2) förståelse för att det finns en naturlig lag som verkar för att detta ska utvecklas, att den lagen är lika sträng och obeveklig som gravitationen och att vi därför måste behärska dessa nya sätt att förhålla oss för vårt eget bästa.

Samtidigt som vi alla måsta veta hur vi ska bete oss själva enligt lagen av ömsesidigt beroende, som ålagts oss genom lagen av givande, Skaparen, betyder det inte att alla måste studera kabbala. De som vill studera kan göra det, men de som inte har något begär efter att uppnå Skaparen kommer att bidra lika mycket till "mänsklighetens superorganism", för att använda Christakis och Fowlers ord, genom att helt enkelt leva enligt lagarna om ömsesidig garanti utan att uppnå skapelsens inre arbete.

Precis som man inte behöver vara en kvalificerad elektriker för att framgångsrikt och säkert sätta på ljuset, behöver inte alla vara en kabbalist, eller en "expert på arbetet med lagen om givande", för att framgångsrikt och säkert tillämpa lagen om givande i sina liv. Trots allt finns denna lag *för att göra gott* till Hans skapelser, som vi lärt oss i kapitel 2. Att lära oss att använda den på rätt sätt är därför är det enda vi behöver, precis som vi lärt oss hur man använder el, gravitation, magnetism och varje annan fysisk lag eller kraft till vår fördel.

Som sagt, precis som elektriker bygger system som alla använder tryggt utan någon professionell kunskap, måste kabbalister bygga de sociala och utbildande system som inpräglar kvaliteten av givande i samhället, så att alla med fördel kan använda dessa system, även utan någon kunskap om kabbala.

3) Det runda bordet: Ett medel av största vikt och som därmed förtjänar en punkt för sig själv, är det runda bordets diskussionsformat. I denna typ av diskussion har alla deltagare samma status och representerar olika, ofta motsatta, åsikter om ämnen som är problematiska för välfärden och sundheten i samhället, staden, staten eller landet.

Målet med överläggningen är varken att förena skillnader eller att framkalla kompromiss. Snarare är målet att finna en gemensam nämnare som står *över* konflikter och tvister. Resultatet av att hitta ett sådant element är att ämnena man tvistar om plötsligt verkar långt mindre viktiga än tidigare och bleknar i jämförelse med den enhet och värme som deltagarna nu känner för varandra. Därefter är det lätt att hitta lösningar på tidigare långvariga konflikter i en anda av god tro, på grund av det nyupptäckta *gemensamma* intresset.

I Israel har flera organisationer och rörelser genomfört rundabordssamtal. *Arvut-* (ömsesidiga garanti) rörelsen, till exempel, har använt detta sätt att överlägga *hundratals* gånger och varje gång denna form användes, rapporterades det som en stor framgång av deltagarna själva. På detta sätt har problem som inte lösts på åratal kunnat lösas på bara några timmar.

Hittills har detta i Israel prövats i stora städer, byar och kibbutzer, i arab- och druzbyar, samlande den mest extrema högerkanten i Judéen och bosättare i Samaria med araber från Västbanken, i Knesset (Israeliska parlamentet) och bland befolkningsgrupper som har det svårt såsom immigranter från Etiopien och tidigare Sovjetunionen. Dessa sammankomster slutade med en djup känsla av enhet och värme i 100 procent av fallen. För videoinspelade vittnesmål och mer information om rundabordssamtal, besök http://www.arvut.org/en/round-table.

Rundabordssamtal har även använts runt om i världen. New York och San Fransisco (USA), Toronto (Kanada), Frankfurt och Nürnberg (Tyskland), Rom (Italien), Barcelona (Spanien), St. Petersburg och Perm (Ryssland), är bara några av många platser där denna dis-

140

kussionsform har implementerats, och överallt har det blivit samma rungande succé som i Israel.

I en anda av jämlikhet involverar även de faktiska överläggningarna publiken och följer denna procedur: En panel individer med olika och ofta motstridiga bakgrunder och agendor sitter runt huvudbordet. Panelen uttrycker sina åsikter om ett ämne som deklarerats av värden för evenemanget.

Därefter ställer publiken frågor till panelen, på vilka en eller flera av dem svarar. Det är en obrytbar regel att panelen inte får tillrättavisa andra paneldeltagare eller lägga sig i vad de säger. Personlig kritik är också absolut förbjuden. På det här sättet hör publiken en mängd olika åsikter som inte motsätter sig varandra, utan snarare *kompletterar* varandra.

Därefter delas publiken upp runt flera bord och diskuterar frågor som ställts av värden på samma sätt och i samma anda som demonstrerats av panelen. Slutligen sammankallas borden till ett allmänt möte och varje bord presenterar sina slutsatser, samt delar sina intryck från evenemanget som helhet.

Nyligen har även rundabordssamtal prövats online och även de har varit mycket lyckade. Helt naturligt har varje plats sin unika mentalitet och varje uttrycksmedel – ett liveevent, ett onlinemöte eller en TV-sändning – har sina för- och nackdelar. Därför är inget event likt ett annat. Det är andan av kamratskap och engagemanget för ömsesidig garanti, som är grunden för varje sådan diskussion, som säkerställer framgången för dessa unika överläggningar. Även om den stora majoriteten av samhällen fortfarande är långt ifrån att leva efter begreppet ömsesidig garanti, så lyckas dessa diskussioner, som videoinspelningar visar, framkalla en genuin känsla av hur det är att leva i ömsesidig garanti.

Barn utbildade på integrerande vis

Medan vuxna måste ta ansvar för att förändra sina sociala miljöer positivt, är situationen mycket mer komplicerad när det gäller barn

141

och ungdomar. Här ligger ansvaret hos de vuxna – lärare och utbildare – att antingen genom privata initiativ eller med regeringens stöd bygga en miljö som skapar sammanhållning.

Det nuvarande utbildningssystemet stöder oförminskad konkurrens. I och för sig är konkurrens naturlig och inte negativ. Men om vi betraktar dagens konkurrensutsatta kultur och vad den gör för oss, och ännu mer för våra barn, står det klart att vi missbrukar denna egenskap.

I *No Contest: The Case Against Competition* (Ingen tävling: Argument mot konkurrens), citerade Alfie Kohn, en känd oliktänkare vad gäller konkurrens, psykologen Elliot Aronson:

> *"Från bollspelaren i knattedivisionen som brister i gråt efter att hans lag förlorat, till studenterna på fotbollsstadion som skanderar 'Vi är nummer ett!'; från Lyndon Johnson, vars omdöme nästan säkert var förvrängt av hans ofta uttalade önskan att inte vara den första amerikanska presidenten att förlora ett krig, till tredjeklassaren som föraktar sin klasskamrat för en överlägsen prestation på ett prov i matematik; vi manifesterar en svindlande kultur besatt av att segra".²⁶⁰*

Bibliotek och internet är verkligen fyllda med studier som visar att konkurrens och individualism är dålig och att samverkan och samarbete är bra, både på jobbet och i skolan. Jeffrey Norris publicerade en berättelse i *News Center of UCSF* med titeln *Yamanaka's Nobel Prize Highlights Value of Training and Collaboration* (Yamanakas nobelpris belyser värdet i övning och samarbete). I den historien hävdade Norris att:

> *"Den ensamme forskaren som arbetar till sent in på natten för att slutföra ett experiment som kan ge ett genombrott med ett eureka-ögonblick av ensam glädje, är en scen som härstammar från Hollywoodfilmer, men i verkligheten är vetenskap en mycket social strävan".²⁶¹*

Senare, i avsnittet "Synergistic Collaboration Drives Progress" (Synergistiskt samarbete driver utvecklingen), lägger han till:

> *"I de öppna planlösningarna i moderna vetenskapliga laboratoriebyggnader, arbetar varje ledande vetenskaplig utredare med flera forskarassistenter, doktorander och*

tekniker och en besökare kan inte avgöra var ett labb slutar och ett annat börjar.
Vetenskapliga idéer och kamratskap vårdas i en interaktiv miljö".[262]

Likadant är det i skolan. Många studier har redan gjorts om fördelarna av samarbete i utbildningssystemet. I en essä kallad *An Educational Psychology Success Story: Social Interdependence Theory and Cooperative Learning* (En framgångssaga i utbildningspsykologi: Teorin om ömsesidigt socialt beroende och kooperativ inlärning), presenterar professorerna David W. Johnson och Roger T. Johnson vid University of Minnesota sina argument för teorin om "socialt ömsesidigt beroende". Med deras ord:

"Mer än 1 200 forskningsstudier har genomförts under de senaste elva åren om kooperativa, konkurrensbetonade och individuella insatser. Resultat från dessa studier har bekräftat, ändrat, raffinerat och utvidgat teorin".[263]

Författarna fortsätter att mer detaljerat beskriva vad dessa studier kommit fram till. De jämför effekten av kooperativ inlärning med det vanligen använda individuella konkurrensbenägna lärandet. Resultaten är entydiga. I fråga om individuellt ansvar och personligt ansvar drar de slutsatsen:

"Det positiva ömsesidiga beroende som binder gruppmedlemmar samman verkar resultera i känslor av ansvar för a) att slutföra sin del av arbetet och b) underlätta arbetet för andra medarbetare. Dessutom, när en persons prestation påverkar medarbetarnas resultat, känner sig personen ansvarig för medarbetarnas välmående likväl som för sitt eget. Att misslyckas själv är dåligt, men att bidra till att även andra misslyckas är värre".[264]

Med andra ord, positivt ömsesidigt beroende förvandlar individualister till människor som bryr sig om och samverkar, raka motsatsen till den nuvarande trenden av växande individualism till graden av narcissism.[265]

Johnson och Johnson skiljer mellan positivt ömsesidigt beroende och negativt sådant. Den positiva varianten innebär "[…] ett positivt samband mellan individers måluppfyllelse; individer upplever att de kan uppnå sina mål bara om de andra individerna med vilka de är kooperativt länkade uppnår sina mål".[266] Den negativa varianten betyder att "individer uppfattar att de kan uppnå sina mål enbart om de andra individerna med vilka de konkurrerar misslyckas med att uppnå sina mål".[267]

För att visa fördelarna med samarbete mätte forskarna resultaten hos studenter som samarbetade jämfört med de som konkurrerade. Från deras slutsatser: "En genomsnittlig samarbetande person presterade ungefär två tredjedelar av en standardavvikelse bättre än en genomsnittlig person som agerade i en konkurrens- eller individualistisk situation".[268]

För att förstå innebörden av en sådan avvikelse över genomsnittet, tänk dig ett barn som i snitt får D men som genom att samarbeta uppnår den häpnadsväckande nivån A+. Johnson och Johnson skrev "Om man jämför samarbete med konkurrens och individualistiska insatser, tenderar det att främja en långsiktigt bestående, högre inre motivation och förväntningar på framgång, mer kreativt tänkande[...] och mer positiva attityder till uppgifter och skolan".[269] Med andra ord tjänar inte bara barnen på denna prosociala attityd, utan samhället som helhet vinner på det.

I början av 2012 var jag medförfattare till en bok med titeln *The Psychology of the Integral Society* (Det integrerade samhällets psykologi) tillsammans med dr Anatoly Ulianov, professor i psykologi och gestaltterapi. Boken beskriver det viktigaste med IU mot bakgrund av dagens överkonkurrerande samhälle. I huvudsak föreslår boken att eftersom konkurrens är inneboende i den mänskliga naturen bör vi inte hindra den – vilket beskrivits tidigare i den här boken när det gäller det talande begärets strävan efter rikedom, makt och berömmelse. Hellre än att konkurrera om att så att säga bli herre på täppan, kan vi främja en social atmosfär som stöder konkurrensen i att bidra mest till andra.

Specifikt bör de som betraktas som vinnare vara individer som gjort mest för att göra *andra* bättre. På ett sätt är det en tävling i att vara den som älskar andra mest. Barns naturliga drift att överträffa – och speciellt att överträffa andra – hämmas då inte, vilket låter dem förverkliga sin fulla potential genom att kanalisera den mot nytta i samhället i stället för till sig själva, eftersom enda sättet att vinna den här typen av tävling är att vara bäst i att göra gott. På det här sättet blir konkurrens ett verktyg för att initiera kvaliteten av givande hos barn.

För att främja denna hälsosamma atmosfär måste inbördes relationer och relationer mellan lärare och student reflektera dessa prosociala värden. Det medför vissa förändringar i den traditionella undervisningsstilen. En premiss för IU är att den främsta utmaningen för dagens utbildning inte är överföring av information, utan snarare att inprägla förmågan att snabbt kunna skaffa information och det på ett sätt som bäst tjänar studenternas varierande mål.

Det är en förskjutning från det traditionella paradigmet, som kommer av det faktum att livet i dag är mycket annorlunda än under den industriella revolutionen då den rena föreläsningen av information uppstod. Under informationsåldern samlas data så snabbt att tidigare erfarenheter bara kan användas som grund för vidareutbildning. Som förberedelse för dagens vuxenvärld behöver skolbarn lära sig *hur* de ska lära sig snarare än att behöva ta till sig information.

På grund av det sammanlänkade och ömsesidiga beroendet i vår värld i dag, behöver barn dessutom tidigt förstå att enbart egenintresse inte kommer att leda till lycka. Som Johnson och Johnson visar är det snarare ömsesidig hänsyn och öppenhet för andra som mera framgångsrikt kommer att främja deras möjligheter till framgång och lycka.

Men barn behöver i det verkliga livet uppleva att världen är sammanlänkad och inte bara höra talas om det. Ett praktiskt sätt att uppnå detta är att förvandla klassrummet till ett mikrokosmos, en minimiljö, en liten familj där alla bryr sig om varandra.

För detta ändamål föreslår IU att studenter och lärare – eller "utbildare", som de kallas i IU – sitter i cirklar och att lärandet sker genom livliga diskussioner om ämnet. Cirklar gör att utbildare och studenter befinner sig på samma nivå, så att utbildaren försiktigt kan guida diskussionen mot inlärning och, ännu viktigare, mot ömsesidig förståelse utan att vara överlägsen eller dominerande.

En annan viktig fråga är skolans läroplan. Den bör återspegla världens sammankopplade karaktär. Läroplanen bör också stödja integration av ämnen. Således kommer ämnen som matematik, fysik och biologi inte att undervisas separat, utan inom ramen för naturen som helhet, vilket är hur de tre ämnenas lagar faktiskt fungerar.

Integration bör vara inneboende i själva studierna, till exempel vore det inte alls fel att få se elever tillämpa biologins lagar på studier i humaniora. Trots allt har mänskligheten redan kallats "en superorganism", att tillämpa biologins lagar på det mänskliga samhället verkar därmed vara en naturlig utveckling.

Det är också värt att poängtera att utbildare i IU sällan är lärare, utan *äldre elever*. Detta förbättrar den övergripande sammanhållningen och kamratskapet mellan elever från olika åldersgrupper, utvecklar verbal och pedagogisk kompetens hos de unga utbildarna och framkallar en mycket djupare assimilering av information i handledarna eftersom de ska lära ut den.

Men främst av allt, när unga handledare utbildar i stället för vuxna lärare, ter sig disciplinära frågor så gott som föråldrade. I stället för att hämmas av pedagogerna, vilket elever ofta gör inför vuxna lärare, söker de favör och skyndar för att bli den bästa eleven i handledarens ögon, eftersom yngre barn naturligt ser upp till barn som är två till tre år äldre än dem. Ta det tillsammans med den ovan nämnda viljan att bli bäst på att göra gott, och du har till hands en skolatmosfär som barnen njuter av att komma till på morgonen och i vilken de kommer att växa upp till att bli självsäkra och *prosociala* vuxna.

I överensstämmelse med ändamålet för IU äger lärandet i sig rum i grupper, då det är den mest fördelaktiga studieformen för att vårda sociala färdigheter och för att förmedla information enligt ovanstående studier av Johnson och Johnson. Således kommer inte utvärderingen av en elev avse hans eller hennes förmåga att memorera och recitera i ett standardiserat test. Snarare kommer utvärderingar att ges till grupper i stället för individer. Detta kommer att ytterligare öka känslan av ansvar för gruppen och ömsesidigt stöd bland eleverna.

Trots det sänder lärare och utbildare regelbundet rapporter till föräldrar och skoladministratörer rörande barnens sociala och pedagogiska framsteg. Eftersom lärarna är mycket närmare eleverna än vad dagens undervisningsmetod tillåter, kommer de att se om ett problem uppstår innan det försämras till en stor kris.

En gång i veckan lämnar eleverna skolbyggnaden för att gå på utflykt. För att lära känna den värld de lever i måste utbildningssystemet förse dem med förstahandskännedom om de institutioner som påverkar deras liv, myndigheterna, historien och naturen där de lever. Sådana utflykter bör omfatta museer, vandringar i närliggande parker, besök hos jordbrukssamhällen, turer i fabriker, sjukhus och utflykter till statliga institutioner, polisstationer och så vidare.

Var och en av dessa exkursioner kräver förberedelser som utrustar eleverna med förberedande kunskap om de platser de ska besöka, rollen den platsen har i samhället, vad den bidrar med, möjliga alternativ och ursprunget till den platsen eller institutionen.

Till exempel kan eleverna innan en utflykt till den lokala polisstationen med hjälp av internet undersöka ämnet, om möjligt med specifik information om den station de är på väg att besöka. De lär sig hur polisen kom till sin nuvarande funktion, hur det passar in i livsväven i vårt samhälle och vilka alternativ till polisen vi kanske kan tänka oss.

På detta sätt lär sig barnen om den värld de lever i, de utvecklar ett kreativt tänkande med vilket de kan föreställa sig en mer önskvärd framtid, de praktiserar grupparbete och förbättrar sin inlärningsförmåga. Efter utflykten kommer fortsatta diskussioner ge eleverna en möjlighet att dela med sig av det de lärt sig, dra slutsatser, komma med förslag och jämföra vad de kommit fram till med de noteringar de gjorde på ämnet innan utflykten.

Det finns mycket mer att säga om IU-skolor, till exempel vad gäller relationer mellan föräldrar, skola och elev, tillvägagångssätt för läxor, rekommenderad tid i skolan, lov, bestraffning eller inte bestraffning m.m. Att utveckla detta ämne vidare ligger utanför ramen för denna bok, men idén kring IU bör vara tydlig: barn behöver lära in i en sammanlänkad miljö och få förstahandsupplevelser av de fördelar och allt roligt som hör samman med att leva i en sådan miljö.

Vårt privilegium, vår plikt, vår tid

En sista sak måste nämnas när det gäller utbildning av vuxna, ungdomar och barn. Ingen form av Integrerad Utbildning kommer att lyckas om det *bara* syftar till att förbättra våra materiella liv. Även om detta är ett önskvärt mål, kommer det inte att uppnås utan en djup förståelse av att hela mänskligheten är på väg mot en era av samhörighet och ömsesidigt beroende, eftersom *detta är naturens lag.*

Folk behöver inte kalla det "Skaparen". Det finns ingen anledning för någon att sträva efter att uppnå en högre, djupare, bredare perceptionsnivå om det inte är vad de vill. Dock *måste* människor veta att formlikhet, att likna naturens lag, som innebär sammankoppling, leder oss till att anpassa vårt sätt att leva i enlighet därmed.

De som fastställer läroplanen och gestaltar utbildningsprogrammen behöver vara som nyss beskrivits, det vill säga kabbalister. Jag vill nämna att kabbalastudier aldrig kommer att bli obligatoriskt eftersom endast de som vill förvandla sig själva, ägna sig själva åt att tjäna andra och verkligen vill ta till sig kvaliteten av givande, kommer att ge sig själva till detta kall.

Visst är en sådan social omvandling en stor uppgift. Men vi judar har förvandlats tidigare och oavsett om minnet av den omvandlingen är slumrande eller vaket, existerar det inom oss alla. Ingen annan nation har fått i uppdrag att försona mänskligheten så som judarna, och ingen annan nation har fått de inneboende verktygen till att göra det. Det är vårt kall; det är vårt privilegium; det är vår plikt; och det är vår tid.

Det är ur den känslan av engagemang som den ovan föreslagna utbildningsmetoden har tagits fram. Det kanske låter som en ganska oortodox metod, men dess grundvalar är rotade djupt inom vår historia och djupt i våra själar och dess "grundsatser" har testats framgångsrikt av andra läror. Det kommer att lyckas om vi förenas och det kommer att misslyckas om vi inte gör det. Som våra vise sa, "Stor är freden, för även när Israel avgudar men det är fred bland dem säger Skaparen, 'Det är som om Jag inte kan styra dem eftersom det är fred bland dem'".[270]

Jag skulle vilja avsluta med en hänvisning till Baal HaSulams ord i slutet av hans *Introduktion till boken Zohar*. Han avslutar sin inledning med uttalandet att om Israel skulle utföra sitt uppdrag och bringa lycka till världen genom enhet och förvärv av givandets kvalitet, skulle profeten Jesajas ord besannas och nationerna ansluta sig till oss och hjälpa oss med vår uppgift. Som Baal HaSulam citerar:

"Så säger Herren Gud: 'Se, Jag lyfter min hand till nationerna och reser mitt baner för folken: och de ska komma med dina söner i sina armar och dina döttrar ska bäras på deras axlar'" (Jesaja 49:22).

Efterord

Mänskligheten förtjänar att förenas i en enda familj. Vid den tiden kommer alla gräl och all illvilja som härrör från uppdelning i nationer och deras gränser att upphöra. Dock kräver världen lindring, vari mänskligheten kommer att fulländas genom varje nations unika egenskaper. Denna brist är vad församlingen Israel kommer att komplettera.

Rav Kook, *Orot HaRaaiah* (Raaiahs Ljus), *Shavuot*, s. 70

Det har inte varit lätt att skriva denna bok. Jag har skrivit dussintals böcker, men ingen har varit så känslomässigt krävande eller intellektuellt utmanande. I många år har jag känt till uppgiften vi står inför, men jag har alltid blivit tveksam inför att skriva direkt till mina judiska bröder och systrar. Jag ville inte uppfattas som nedlåtande eller otålig, och att vara tråkigt predikande eller förmanande är inte högt upp på min "att göra"- lista

Ändå har mina kabbalastudier med Rabash lärt mig att den riktning världen rör sig i är en väg som slutar i förödelse. Det är anledningen till att Rabashs far Baal HaSulam, liksom han själv, var mer angelägna om att sprida den uråldriga visdomen som ett botemedel för mänsklighetens skyhöga egoism än någon annan kabbalist tidigare.

Baal HaSulam bekymrades över det växande globala ömsesidiga beroendet tidigt på 1930-talet, då mycket få människor i världen ens var medvetna om processen. Han visste att det skulle leda till en olöslig kris om mänskligheten inte stödde det ömsesidiga beroendet med ömsesidig garanti, att den mänskliga naturen inte skulle kunna tolerera kontrasten mellan ömsesidigt beroende och ömsesidig motvilja.

Samtidigt insåg Baal HaSulam, redan på detta tidiga stadium i vår globalisering, att processen är oåterkallelig, att vi, eftersom vi är delar av en enda själ, ett enda begär, är naturligt sammankopplade.

Han visste också, liksom alla de vise som citerats i denna bok, att målet för vilket vi skapats inte var att människor skulle vara främlingar och hatfyllda, utan att komma samman och förenas genom kvaliteten av givande.

I dag ser vi hur rätt han hade. Vi är hopplöst sammanlänkade i illvilja och häftigt förbittrade av det. Våra sociala system, såsom ekonomi, hälsa och utbildning, antar att illvilja är grunden i mänskliga relationer och därför stöttar varje enhet upp sig själv genom förordningar, lagstiftningar och advokater.

Men detta *modus operandi* är ohållbart. Liksom goda familjer antar att familjemedlemmarna är välvilliga, måste alla medlemmar i mänskligheten lära sig att lita på varandra.

Men, som det visats genom boken, på grund av att våra egon ständigt utvecklas och betonar det som är unikt med oss själva i stället för vår enhet, behöver vi en metod som hjälper oss uppnå enhet ovan vår olikhet, utan att undertrycka eller omintetgöra den. Den metoden har sina rötter i vårt folks andliga arv och är gåvan från judarna till mänskligheten, den frälsning alla nationer inväntar från judarna.

Gåvan kan avkunnas genom kabbalans visdom, genom integrerande utbildning, med de medel Baal HaSulam föreslog i *HaUma* (Nationen), eller på något annat sätt som kommer att ge en grundläggande förändring i den mänskliga naturen från splittring till enhet, från fientlighet till empati och omsorg. Om vi uppnår den enheten, och ju mer vi sedan skiljer oss åt i vår karaktär, desto starkare och varmare blir vår förbindelse. Som Rabbi Nathan Sternhertz beskriver det:

"Det beror i första hand på människan, som är hjärtat i skapelsen, och på den beror allt. Det är därför 'Älska din nästa som dig själv' är den allmänna klal ['regeln', men också 'kollektivet'] i Toran, att inkludera med enhet och fred, vilket är vitalitetens, uthållighetens och korrigering av hela skapelsens hjärta, av människor med olika åsikter som förs samman i kärlek, enhet och fred".[271]

151

Det vackra hos vårt folk är i sanning deras enhet, deras samman-hållning. Vår nation började som en grupp individer som delade samma begär: att upptäcka livets grundläggande kraft. Vi upptäckte att det med ett ord var "kärlek", och vi upptäckte det därför att vi utvecklade den kvaliteten inom oss. Den kraften av kärlek förenade oss och i kärlekens anda försökte vi dela vår upptäckt med alla som var villiga.

Över tid har vi förlorat vår förbindelse, först med varandra, sedan med kraften vi upptäckte genom våra band. Men nu behöver värl-den att vi återuppväcker de banden, först bland oss och därefter bland hela mänskligheten.

Vi är en begåvad nation, en nation med kärlekens gåva, som är Skaparens kvalitet. Att ta emot denna gåva är målet för vilket mänskligheten skapades, och vi är den enda kanal genom vilken denna kärlek kan flöda till alla nationer. Sedan mänsklighetens be-gynnelse har "aldrig [...] så få varit skyldiga så mycket till så många", för att parafrasera Winston Churchills ord. Och ändå har aldrig så få varit i stånd att ge så mycket till så många.

Som Baal HaSulam säger:

"Det ligger hos den israeliska nationen att kvalificera sig själv och alla människor i världen [...] att utvecklas tills de själva tar på sig det sublima arbetet av kärlek till andra, vilket är stegen till ändamålet för skapelsen, som är dvekut [formlikhet] med Honom".[272]

Noter

1   Rav Yehuda Leib HaLevi Ashlag (Baal HaSulam), *Kitvei Baal HaSulam* (Baal HaSulams skrifter), "The Writings of the Last Generation" (Ashlag Research Institute: Israel, 2009), i heb. utgåvan ss. 813-814. Svenska titlar är översättarens anmärkningar genom hela boken.

2   *Masechet Derech Eretz Zuta*, kapitel 9.

3   *Masechet Yoma*, s. 9b.

4   Rabbi Kalonymus Kalman Halevi Epstein, *Maor va Shemesh* (Ljus och Sol), *parashat* (avsnitt) *Balak*.

5   Jean M. Twenge och W. Keith Campbell, *The Narcissism Epidemic: Living in the Age of Entitlement* (New York: Free Press, A Division of Simon & Schuster, Inc. 2009), 1.

6   ibid., 1-2.

7   Rav Moshe Ben Maimon (Maimonides), *Mishneh Torah* (Repetition av Toran, även känd under namnet *Yad HaChazakah* [Den mäktiga handen]), del 1, *Boken om vetenskap*, kapitel 1, punkt 3.

8   Rabbi Yehuda HaLevi, *The Kozari*, "First Essay", punkt 31, 60.

9   HaRav Avraham Yitzchak HaCohen Kook, *Letters of the RAAIAH 3 (Mosad HaRav Kook)*, Jerusalem, 1950), ss. 194-195.

10   Yehuda Leib Arie Altar (*ADMOR* i Gur), *Sfat Emet* (Sanningens läppar), *parashat Yitro* (Avsnittet Jethro), *TARLAZ* (1876).

11   Rabbi Shmuel Bornstein, *Shem MiShmuel* (Ett namn ur Samuel), *Haazinu* (Giv Öra), *TARAP* (1920).

12   ibid.

13   Rav Yehuda Leib HaLevi Ashlag (Baal HaSulam), *Kitvei Baal HaSulam* (Baal HaSulams skrifter), "Peace in the World" (Ashlag Research Institute, Israel, 2009), i heb. utgåvan ss.464-5.

14   Rav Yehuda Leib HaLevi Ashlag (Baal HaSulam), *Kitvei Baal HaSulam* (Baal HaSulams skrifter), "The Love of God and the Love of Man" (Ashlag Research Institute, Israel, 2009), i heb. utgåvan s. 486.

15   Yehuda Leib Arie Altar (*ADMOR* i Gur), *Sfat Emet* (Sanningens läppar), *parashat Yitro* (avsnittet Jethro), *TARLAZ* (1876).

16   *Sefer HaYashar* (Den upprättes bok), avsnittet Noah, *parasha* 13, punkt 3.

17   *Pirkey de Rabbi Eliezer* (Avsnitt av Rabbi Eliezer), kapitel 24.

18   ibid.

19 Rav Moshe Ben Maimon (Maimonides), *Mishneh Torah* (*Yad HaChazakah* [Den mäktiga handen]), del 1, "Boken om vetenskap", kapitel 1, punkt 1.

20 Maimonides, *Yad HaChazakah* (Den mäktiga handen), del 1, "Boken om vetenskap", kapitel 1, punkt 3.

21 Rav Yehuda Leib HaLevi Ashlag (Baal HaSulam), *Kitvei Baal HaSulam* (Baal HaSulams skrifter), "Fred i världen" (Ashlag Research Institute, Israel, 2009), i heb. utgåvan ss. 406-7.

22 Maimonides, *Yad HaChazakah* (Den mäktiga handen), del 1, "Boken om vetenskap", kapitel 1, punkt 3.

23 *Midrash Rabba, Beresheet*, avsnitt 38, punkt 13.

24 ibid.

25 Maimonides, *Yad HaChazakah* (Den mäktiga handen), del 1, "Boken om vetenskap", kapitel 1, punkt 3.

26 ibid.

27 ibid.

28 Rabbi Meir Ben Gabai, *Avodat HaKodesh* (Det heliga arbetet), del 3, kapitel 27.

29 Elimelech av Lizhensk, *Noam Elimelech* (Elimelechs välbehag), *Likutey Shoshana* (Rosens samlingar), ursprungligen publicerad i Lviv, Ukraina, 1788), url: http://www.daat.ac.il/daat/vl/tohen.asp?id=173

30 Shlomo Efraim Luntschitz, *Kli Yakar* (Värdefullt kärl), *Angående Beresheet* (Första Mosebok), 32:29.

31 Chaim ibn Attar, i *Ohr HaChaim* (Livets Ljus), *Bamidbar* (Fjärde Mosebok), kapitel 23, punkt 8, https://sites.google.com/site/magartoratemet/tanach/orhahaym

32 Baruch Shalom Ashlag (Rabash), i *The Writings of Rabash*, Vol. 1, artikel nr. 9, 1988-89 (Israel: Ashlag Research Institute, 2008), ss.50, 82, 163.

33 Rabbi Meir Ben Gabai, *Avodat HaKodesh* (Det heliga arbetet), del 2, kapitel 16.

34 Rabbi Isaiah HaLevi Horowitz (Den Helige Shlah), *Toldot Adam* (Människans generationer), "Davids hus", punkt 7.

35 Rav Yehuda Leib HaLevi Ashlag (Baal HaSulam), *Kitvei Baal HaSulam* (Baal HaSulams skrifter), "Introduction to the Preface to the Wisdom of Kabbalah" (Ashlag Research Institute, Israel, 2009), punkt 155.

36 Rav Yehuda Leib HaLevi Ashlag (Baal HaSulam), *Kitvei Baal HaSulam* (Baal HaSulams skrifter), "Introduktion till boken Zohar" (Ashlag Research Institute, Israel, 2009), i heb. utgåvan s. 432.

37 Rabbi Shlomo Ben Yitzhak (RASHI), *The RASHI Interpretation on the Torah*, "On Exodus", 19:2.

38 Midrash Tanah de Bei Elijahu Rabah, kapitel 28.

39 Midrash *Tanhuma, Nitzavim*, kapitel 1.

40 Itzhak Elijahu Landau, Rabbi Shmuel Landau, *Masechet Derech Eretz Zutah*, kapitel 9, punkt 28-29, 57-58 (tryckt av Rabbi Hillel, Vilnius, 1872).

41 Babyloniska Talmud, *Masechet Brachot* (Avhandling om välsignelser) s. 44a; Maimonides, *Mishneh Torah*, "Regler för välsignelse", kapitel 8, regel 14; Rav Moshe Cordovero (Ramak), *An Orchard of Pomegranates*, port 23, kapitel 5; och ett flertal andra.

42 Rabbi Isaiah HaLevi Horowitz (den helige Shlah), *Masechet Pesachim*, sjätte tolkningen, (27); Rabbi Menachem Nachum av Tjernobyl, *Maor Eynaim* (Ögonens Ljus), *Lech Lecha* (Go Forth), Rabbi Tzadok HaCohen av Lublin, *The Thoughts of the Diligent*, punkt 19, och ett flertal andra.

43 Yehuda Ashlag, *Talmud Esser HaSfirot* (Studien av de 10 *sfirot*), del 1, *Histaklut Pnimit* (Inre reflektion), kapitel 2, punkt 10-11 (Jerusalem: M. Klar, 1956), s. 17.

44 ibid.

45 Rabbi Isaiah HaLevi Horowitz (den helige Shlah), *Masechet Pesachim*, Sjätte tolkningen, (27).

46 Rabbi Nathan Sternhertz, *Likutey Halachot* (Utvalda regler), "Regler för *Tfilat Arvit* (Kvällsbönen)", regel nr. 4.

47 Yehuda Ashlag, *Talmud Esser HaSfirot* (Studien av de tio sfirot), del 1, "Introduktion till studiet av de tio sfirot", punkt 104-105 (Jerusalem: M. Klar, 1956), 31.

48 Rav Yehuda Leib HaLevi Ashlag (Baal HaSulam), *Kitvei Baal HaSulam* (Baal HaSulams skrifter), "Introduktion till boken *Panim Meirot uMasbirot* (Shining and Welcoming Face)" (Ashlag Research Institute, Israel, 2009), i heb. utgåvan s. 150.

49 Rabbi Itzhak Luria (den helige ARI), *Livets Träd*, port 39, artikel nr. 3.

50 Rabbi Meïr Leibush ben Iehiel Michel Weiser (*MALBIM*), om Första Kungaboken, 8:10, avsnittet "Förklarting av saken".

51 Rabbi Pinchas HaLevi Horowitz, *Sefer HaMikneh (The Deed Of Purchase), Masechet Kidushin* (Treatise Betrothal), 82a.

52 Rabbi Abraham Ben David, (The RABaD), *The RABaD Commentary on The Book of Creation*, kapitel 2, studie nr. 2.

53 Rav Yehuda Leib HaLevi Ashlag (Baal HaSulam), *Kitvei Baal HaSulam* (Baal HaSulams skrifter), "Friheten" (Israel: Ashlag Research Institute, 2009), i heb. utgåvan s.415.

54 Rabbi Nathan Neta Shapiro, *Reveals Deep Things, parashat Shmot* (2 Mos).

55 Rav Yehuda Leib HaLevi Ashlag (Baal HaSulam), *Kitvei Baal HaSulam* (Baal HaSulams skrifter), "Introduktion till boken *Panim Meirot uMasbirot* (Skinande och välkomnande ansikte)" (Ashlag Research Institute, Israel, 2009), i heb. utgåvan s. 134.

56 Maimonides, *Yad HaChazakah* (Den mäktiga handen), del 1, "Boken om vetenskap", kapitel 1, punkt 1.

57 Rav Yehuda Leib HaLevi Ashlag (Baal HaSulam), *Kitvei Baal HaSulam* (Baal HaSulams skrifter), "Introduktion till boken Zohar", punkt 43-44 (Ashlag Research Institute, Israel, 2009), i heb. utgåvan s. 444.

58 Rav Baruch Shalom Ashlag (Rabash), *The Writings of Rabash*, "On My Bed at Night" (Ashlag Research Institute, Israel, 2008), s. 129.

59 Rabbi Shimon Bar Yochai (Rashbi), *The Book of Zohar* (med *Sulam-* (stege-) kommentar av Baal HaSulam, *Nya Zohar, parashat Toldot*, vol. 19, punkt 31 (Jerusalem), ss. 8-9.

60 Rabbi Isaiah HaLevi Horowitz (den helige Shlah), *Masechet Sukkah* (*Sukkah*-traktat), kapitlet "Torah, Ljus" (13).

61 Rabbi Naphtali Tzvi Yehuda Berlin (NATZIV av Volojin), *Haamek Davar* (Fördjupa i ärendet) om *Beresheet* (Första Mosebok), kapitel 47:28.

62 Pirkey de Rabbi Eliezer (Avsnitt av Rabbi Eliezer), kapitel 24.

63 Rav Yehuda Leib HaLevi Ashlag (Baal HaSulam), *Kitvei Baal HaSulam* (Baal HaSulams skrifter), "Introduktion till boken *Panim Meirot uMasbirot* (Skinande och välkomnande ansikte)" (Ashlag Research Institute, Israel, 2009), i heb. utgåvan s.134.

64 Rabbi Isaiah HaLevi Horowitz (den helige Shlah), *In Ten Utterances*, "Sixth Utterance".

65 Rabbi Shimon Ashkenazi, *Yalkut Shimoni* (*Shimoniantologin*), *Micah*, kapitel 7, fortsättning av antydan nr. 556.

66 *Midrash Rabah, Shmot* (Exodus), avsnitt 30, paragraf 17.

67 Ramchal (Rav Moshe Chaim Lozzatto), *Daat Tvunot*, 154, 165.

68 Rav Yehuda Leib HaLevi Ashlag (Baal HaSulam), *Kitvei Baal HaSulam* (Baal HaSulams skrifter), *Shamati* (Jag hörde), artikel nr. 5, "*Lishma* är ett uppvaknande från ovan, varför behöver vi då ett uppvaknande från nedan" (Ashlag Research Institute, Israel, 2009), i heb. utgåvan s. 518.

69 *Midrash Rabah, Kohelet* (Ecclesiastes), avsnitt 1, paragraf 34.

70 Rabbi Isaiah HaLevi Horowitz (den helige Shlah), "Gate of Letters", punkt 60, "Satisfaction".

71 Ramchal (Rav Moshe Chaim Lozzatto), *Daat Tvunot*, 154, 165.

72 Maimonides, *Yad HaChazakah* (Den mäktiga handen), del 1, "Boken om vetenskap", kapitel 1, punkt 3.

73 Rabbi Shlomo Ben Yitzhak (RASHI), *The RASHI Interpretation on the Torah*, "On Exodus, 19:2".

74 Babyloniska Talmud, *Masechet Sanhedrin*, s. 94b.

75 "Det kallas 'Kanaans land' på grund av att alla som vill vistas i det måste underkastas av lidande alla sina dagar" (Rav Chaim Vital [Rachi], *Boken om kunskap om gott, Bo* [Kom])

76 Midrash *Tehilim* (Psalms), Psalm nr. 34.

77 Rabbi Chaim Thirer, *En brunn av levande vatten, Toldot* (Generationer), kapitel 25 (fortsättning.).

78 Rabbi Behayei Ben Asher Even Halua, *Rabeinu Behayei* om *Beresheet* (Första Mosebok), 46:27.

79 Rabbi Yisrael Segal, *Netzach Yisrael (Israel styrka)*, kapitel 5.

80 Rabbi Abraham Ben Meir Ibn Ezra, *Ibn Ezra om Sångernas Sång*, 7:3.

81 Rabbi Menahem Nahum av Tjernobyl, *Maor Eynaim* (Ögonens Ljus), *Beresheet* (Första Mosebok).

82 Jonathan ben Natan Netah Eibshitz, *Yaarot Dvash* (Honungskakor), del 1, traktat nr. 13 (fortsättning).

83 Abraham Ben Mordechai Azulai, Introduktion till boken *Ohr HaChama* (Solens Ljus), 81.

84 Rav Chaim Vital, *The Writings of the Ari, Tree of Life*, del 1, "Rav Chaim Vital's Introduction", 11-12.

85 Vilna Gaon (GRA), *Even Shlemah* (En perfekt sten), kapitel 11, punkt 3.

86 Rav Yitzhak Yehuda Yehiel av Komarno, *Notzer Chesed* (Hålla barmhärtighet), kapitel 4, lära 20.

87 Rav Yitzhak HaCohen Kook (Raaiah), *Orot* (Ljus), 95.

88 Rav Yitzhak HaCohen Kook (Raaiah), *Otzrot HaRaaiah* (Raaiahs skatter), 2, 317.

89 Rav Moshe Chaim Lozzatto (Ramchal), *Adir BaMarom* (Den mäktige i höjden), "Förklaring av Daniels dröm" (Warszawa, 1885).

90 Rav Moshe Chaim Lozzatto (Ramchal), *Ramchals kommentar till Toran, BaMidbar* (Fjärde Mosebok).

91 Rav Yitzhak HaCohen Kook (Raaiah), *Letters Raaiah* vol. 2, 34.

92 Rav Yitzhak HaCohen Kook (Raaiah), *Orot (Lights)*, 16.

93 Rav Yehuda Leib HaLevi Ashlag (Baal HaSulam), *Kitvei Baal HaSulam* (Baal HaSulams skrifter), "Messias *Shofar*" (Ashlag Research Institute, Israel, 2009), i heb. utgåvan s.457.

94 Rav Yehuda Leib HaLevi Ashlag (Baal HaSulam), *Kitvei Baal HaSulam* (Baal HaSulams skrifter), "*Arvut* (Ömsesidig garanti)", punkt 28 (Ashlag Research Institute, Israel, 2009), i heb. utgåvan s. 397.

95 Rav Moshe Chaim Lozzatto (Ramchal), *Ramchals kommentar till Toran, BaMidbar* (Fjärde Mosebok).

96 Yitzhak Isaac Hever Wildman, *Beit Olamim* (Ett evigt hus) (Warszawa, 1889), 130a.

97 Rav Moshe Chaim Lozzatto (Ramchal), *Essay of the Tenets*, (Oybervisha (Felsövisó) Rumänien, 1928), 15. Onlinekälla: http://www.hebrewbooks.org/33059

98   Rav Abraham Isaac HaCohen Kook (Raaiah) (var med i *HaPeles*, en rabbinsk tidsskrift, Berlin, Tyskland, 1901) (A. Israels kallelse och dess nationalitet, kapitel 1, s.26).

99   HaRav Avraham Yitzchak HaCohen Kook, *Letters of the RAAIAH 3*, 194-195.

100 Rav Abraham Isaac HaCohen Kook (Raaiah), *Ein Ayah* (Falköga), Shabbat 1, s. 188.

101 Rabbi Naphtali Tzvi Yehuda Berlin (NATZIV av Volojin), *Haamek Davar* (Fördjupa i ärendet) om *Dvarim* (Femte Mosebok), kapitel 27:5.

102 Johannes Reuchlin, *De Arte Cabbalistica* (Hagenau, Tyskland: Tomas Anshelm, mars 1517), s. 126.

103 *A Book of Jewish Thoughts*, red. J. H. Hertz (London: Oxford University Press, 1920), s.134.

104 Paul Johnson, (Kristen historiker), *A History of the Jews* (New York: First Perennial Library, 1988), ss. 585-6.

105 Thomas Cahill, *The Gifts of the Jews: How a Tribe of Desert Nomads Changed the Way Everyone Thinks and Feels* (New York: Nan A. Talese/Anchor Books (imprints of Doubleday), 1998), s.3.

106 Rabbi Shmuel Bornstein, *Shem MiShmuel* (Ett namn ur Samuel), *Miketz* (Vid slutet), *TARPA* (1921).

107 Rav Yehuda Leib HaLevi Ashlag (Baal HaSulam), *Kitvei Baal HaSulam* (Baal HaSulams skrifter), "Den kabbalistiska visdomen och filosofi" (Ashlag Research Institute: Israel, 2009), s. 38.

108 Terrot Reavely (T.R.) Glover, *The Ancient World* (USA: Penguin Books, 1944), ss. 184-191.

109 Herman Rauschning, *The Beast From the Abyss* (UK: W. Heinemann, 1941), ss. 155-56.

110 Josephus Flavius, *The Wars of the Jews*, kapitel 1, översatt av William Whiston i *The Works of Flavius Josephus* (UK: Armstrong and Plaskitt AND Plaskitt & Co., 1835), s.564

111 ibid. s. 565.

112 Yaakov (Jacob) Leschzinsky, *The Jewish Dispersion* (Israel, World Zionist Organization, 1961), s. 9.

113 Den helige ARI, *Åtta portar, Shaar HaPsukim* (Port till verserna), *parashat Shmot* (avsnittet Andra Mosebok).

114 Rabbi Naphtali Tzvi Yehuda Berlin (NATZIV av Volojin), *Haamek Davar* (*Fördjupa i saken*) om *Dvarim* (Femte Mosebok), kapitel 27:5.

115 Rav Yehuda Leib HaLevi Ashlag (Baal HaSulam), *Kitvei Baal HaSulam* (Baal HaSulams skrifter), "*Shamati* (Jag hörde)", essä nr. 86, "Och de byggde förrådsstäder" (Ashlag Research Institute, Israel, 2009), i heb. utgåvan s. 591.

116 ibid.

[117] Rav Yehuda Leib HaLevi Ashlag (Baal HaSulam), *Kitvei Baal HaSulam* (Baal HaSulams skrifter), *"Arvut* (Ömsesidig garanti)" (Ashlag Research Institute: Israel, 2009), s. 393.

[118] Rav Yehuda Leib HaLevi Ashlag (Baal HaSulam), *Kitvei Baal HaSulam* (Baal HaSulams skrifter), "A Handmaid that Is Heir to Her Mistress" (Ashlag Research Institute, Israel, 2009), s. 454.

[119] *Midrash Rabah*, "Sångernas sång", *parasha* nr. 4, andra stycket.'

[120] Babyloniska Talmud, *Masechet Pesachim*, s. 87b.

[121] Yehuda Leib Arie Altar (ADMOR i Gur), *Sfat Emet* (Sanningens läppar), *parashat Yitro* (avsnittet Jethro), *TARLAZ* (1876).

[122] Hillel Tzaitlin, *The Book of a Few* (Jerusalem, 1979), 5.

[123] Rav Yehuda Leib HaLevi Ashlag (Baal HaSulam), *Kitvei Baal HaSulam* (Baal HaSulams skrifter), "Kärleken till Gud och kärleken till människan" (Ashlag Research Institute, Israel, 2009), s. 486.

[124] Johann Wolfgang von Goethe, *Wilhelm Meisters Lehrjahre* (Berlin, Johann Friedrich Unger, 1795-1796), 359.

[125] Glover, *The Ancient World*, 184-191.

[126] Ernest van den Haag, *The Jewish Mystique* (US, Stein & Day, 1977), 13.

[127] Blaise Pascal, *Pensees*, översättning W.F. Trotter, Introduktion av T.S. Eliot (Benediction Books, 2011), 205.

[128] Ashlag, *Talmud Esser HaSfirot* (Studien av de tio sfirot), del 1, "Introduktion till studiet av de tio sfirot", 31.

[129] Babyloniska Talmud, *Masechet Hulin*, s. 89a.

[130] Maimonides, *The Writings of Rambam* (Maimonides), "The Ethics of the Rambam to His Son, Rabbi Abraham".

[131] Elimelech av Lizhensk, Collections of the Rose (Elimelechs välbehag), *parashat Beshalach* (avsnittet "När Farao sände").

[132] Rabbi Jacob Joseph Katz, *Toldot Yaakov Yosef* (Jacob Josefs generationer), *BeShalach* (När Farao sände), punkt 1.

[133] Rabbi Katz, Toldot Yaakov Yosef (Jacob Josefs generationer), *Acharei* (Efter döden), punkt 1.

[134] Jonathan ben Natan Netah Eibshitz, *Yaarot Dvash* (Honungskakor), del 2, traktat nr. 10.

[135] Rav Yehuda Leib HaLevi Ashlag, *Shamati* (Jag hörde), essä nr. 144, "Det finns ett visst folk" (Kanada, Laitman Kabbalah Publishers, 2009), s. 300.

[136] ibid.

[137] Rav Avraham Yitzchak HaCohen Kook (Raaiah), *Essays of the Raaiah*, vol. 1, ss. 268-269.

138 Rav Yehuda Leib HaLevi Ashlag (Baal HaSulam), *Kitvei Baal HaSulam* (Baal HaSulams skrifter), "Friheten" (Ashlag Research Institute, Israel, 2009), s. 420.

139 Babyloniska Talmud, *Masechet Sanhedrin*, 97b.

140 Babyloniska Talmud, *Masechet Avodah Zarah* (Avgudadyrkan), 2b.

141 Nya Testamentet, Johannes 4:22.

142 Nya Testamentet, Romarbrevet 3:1-2.

143 Martin Gilbert, *Churchill and the Jews* (UK, Simon & Schuster, 2007), 38.

144 *A Book of Jewish Thoughts*, red. J. H. Hertz (Oxford University Press, 1920), s. 131.

145 Professor Huston Smith, *The Religions of Man* (New York: HarperCollins, 1989).

146 Leo Tolstoy, "What is the Jew?" citerad i *Die Endlösung*, s. 189, tryckt i tidskriften *Jewish World*, 1908.

147 Paul Johnson, (kristen historiker), *A History of the Jews* (New York, First Perennial Library, 1988), 2

148 Rav Yitzhak HaCohen Kook (Raaiah), *Essays of the Raaiah*, vol. 2, "The Great Call for the Land of Israel", 323.

149 Aaron Soresky, "The ADMOR, Rabbi Yehuda Leib Ashlag ZATZUKAL—Baal HaSulam: 30th Anniversary of His Departure", *Hamodia*, 9, *Tishrey*, TASHMAV (24 September, 1985).

150 Rav Avraham Yitzchak HaCohen Kook (Raaiah), *Essays of the Raaiah*, vol. 1, ss. 268-269.

151 Rav Yehuda Leib HaLevi Ashlag (Baal HaSulam), *Kitvei Baal HaSulam* (Baal HaSulams skrifter), "Den sista generationens skrifter" (Ashlag Research Institute, Israel, 2009), 853.

152 Rav Yehuda Leib HaLevi Ashlag (Baal HaSulam), *Kitvei Baal HaSulam* (Baal HaSulams skrifter), " Den sista generationens skrifter" (Ashlag Research Institute, Israel, 2009), 841.

153 Henry Ford, *The International Jew—The World's Foremost Problem* (The Noontide Press: Books On-Line), 40.

154 Henry Ford, *The International Jew—The World's Foremost Problem* (The Noontide Press: Books On-Line), 8.

155 Henry Ford, *The International Jew—The World's Foremost Problem* (The Noontide Press: Books On-Line), 28.

156 John Adams, i ett brev till F. A. Vanderkemp (16 februari 1809), som citerat i *The Roots of American Order* (1974) av Russel Kirk.

157 Mark Twain, *The Complete Essays of Mark Twain*, "Concerning The Jews" (publicerad i Harper's Magazine, 1899), Doubleday, (1963), s. 249.

158 Martin Gilbert, *Churchill and the Jews* (UK, Simon & Schuster, 2007), 16.

159 Ronnie S. Landau, *The Nazi Holocaust: Its History and Meaning* (US, Ivan R. Dee, 1994), s. 137.

160 "Decisions Taken at the Evian Conference On Jewish Refugees" (14 juli 1938), *Jewish Virtual Library*, url: http://www.jewishvirtuallibrary.org/jsource/Holocaust/evian.html

161 Yad Vashem, Shoah Resource Center, "Evian Conference", url: http://www1.yadvashem.org/odot_pdf/Microsoft%20Word%20-%206305.pdf

162 Yad Vashem, "Related Resources, Evian conference", url: http://www1.yadvashem.org/yv/en/exhibitions/this_month/resources/evian_conference.asp

163 Baal HaSulam, *Kitvei Baal HaSulam* (Baal HaSulams skrifter), "Den sista generationens skrifter", ss. 832-833.

164 Eric Hoffer, *Los Angeles Times*, 26 maj 1968.

165 Ur M.L. King Jr., "Letter to an Anti-Zionist Friend", *Saturday Review* XLVII (augusti 1967), s. 76 Omtryckt i M.L. King Jr., "This I Believe: Selections from the Writings of Dr. Martin Luther King Jr."), url: http://www.internationalwallofprayer.org/A-022-Martin-Luther-King-Zionism.html

166 U.S. Department of State, "Report on Global Anti-Semitism (5 januari 2005), url: http://www.state.gov/j/drl/rls/40258.htm

167 Ruth Ellen Gruber, "Anti-Semitism without Jews", url: http://www.annefrank.org/ImageVaultFiles/id_11774/cf_21/Gruber.pdf

168 Robert Fulford, "Anti-Semitism without Jews in Malaysia", *National Post* (6 oktober 2012), url: http://fullcomment.nationalpost.com/2012/10/06/robert-fulford-anti-semitism-without-jews-in-malaysia/

169 ibid.

170 Rabbi Nathan Neta Shapiro, *Reveals Deep Things, parashat Shmot* (Exodus).

171 Läsandet av *haftarah* (separationen) följer på läsandet av Toran varje Sabbat och under judiska högtider och fastor. Läsaren av *haftarah* kallas *maftir*.

172 "Diaspora", *The Jewish Encyclopedia*, url: http://www.jewishencyclopedia.com/articles/5169-diaspora.

173 ibid.

174 ibid.

175 Dan Cohn-Sherbok, *The Paradox of Anti-Semitism* (UK: Continuum International Publishing Group, 2006), XIV (Preface).

176 William Whiston, The Works of Flavius Josephus, 565.

177 ibid.

178 Josephus Flavius, *Antiquities of the Jews*, XIV, 115.

[179] "Diaspora", *The Jewish Encyclopedia*, url: http://www.jewishencyclopedia.com/articles/5169-diaspora.

[180] Norman Roth, Jews, Visigoths, and Muslims in Medieval Spain: cooperation and conflict (Nederländerna, E.J. Brill, 1994), 2.

[181] ibid.

[182] Jane S. Gerber, *The Jews of Spain: A History of the Sephardic Experience* (New York, Free Press; 2 november 1992), Kindle edition.

[183] ibid.

[184] Rabbi Shimon Bar Yochai (Rashbi), *Boken Zohar* (med *Sulam-* (Stege-) kommentaren av Baal HaSulam, *Noah*, vol. 3, punkt 385 (Jerusalem), 132.

[185] Michael Grant, *From Alexander to Cleopatra: the Hellenistic World* (New York: Charles Scribner & Sons, 1982), 75.

[186] Citerad i *The Treasury of Religious and Spiritual Quotations* (US, Readers Digest, 1 januari 1994), s. 280.

[187] Jacob Rader Marcus, *The Jew in the Medieval World: A Sourcebook: 315-1791*, (US: Hebrew Union College Press, 1999), 60-61.

[188] ibid.

[189] Dr. Erwin W Lutzer med Steve Miller, *The Cross in the Shadow of the Crescent: An Informed Response to Islam's War with Christianity* (Harvest House Publishers, Oregon, 2013), s. 65.

[190] Israel Zinberg, *History of Jewish Literature: The Jewish Center of Culture in the Ottoman Empire*, Vol 5 (New York, Ktav Pub. House, 1974), 17.

[191] Hillel Tzaitlin, *The Book of a Few* (Jerusalem, 1979), 5.

[192] Sol Scharfstein, *Understanding Jewish History: From Renaissance to the 21st Century* (Tryckt i Hong Kong, Ktav Publishing House, 1997), ss. 163-164.

[193] Salo W. Baron, "Ghetto and Emancipation: Shall We Revise the Traditional Views?" i: *The Menorah Treasury: Harvest of Half a Century* (Philadelphia: Jewish Publication Society of America, 1964), s. 52.

[194] ibid. ss. 54-55.

[195] Rabbi Shmuel Bornstein, *Shem MiShmuel* (Ett namn ur Samuel), *VaYakhel* (Och Mose församlade), *TAR'AV* (1916)

[196] *Assimilation and Community: The Jews in Nineteenth-Century Europe*, red: Jonathan Frankel, Steven J. Zipperstein (UK, Cambridge University Press, 1992), s. 8.

[197] ibid. s. 12.

[198] "Emancipation", *Jewish Virtual Library*, url: http://www.jewishvirtuallibrary.org/jsource/judaica/ejud_0002_0006_0_05916.html

[199] Werner Eugen Mosse, *Revolution and Evolution: 1848 in German-Jewish History* (Tyskland, J.C.B. Mohr (Paul Siebeck) Tübingen, 1981), ss. 255-256.

200 Eugen Mosse, *Revolution and Evolution: 1848 in German-Jewish History*, s. 260.

201 Donald L. Niewyk, *The Jews in Weimar Germany* (New Jersey, Transactions Publishers, New Brunswick, 2001), s. 95.

202 Niewyk, *The Jews in Weimar Germany*, s. 84.

203 ibid.

204 Cohn-Sherbok, *The Paradox of Anti-Semitism*, XIV (Preface).

205 Adolf Hitler, *Mein Kampf* (USA, Noontide Press, 2003), s. 51.

206 Ludwig Feuerbach, *The Essence of Christianity*, övers. Marian Evans (London, John Chapman, 1843), s. 113.

207 *Assimilation and Community: The Jews in Nineteenth-Century Europe*, red: Jonathan Frankel, Steven J. Zipperstein, s. 12.

208 "Conservative Judaism", *The Encyclopaedia Britannica*, url: http://www.britannica.com/EBchecked/topic/133461/Conservative-Judaism

209 Michael A. Meyer, *Response to Modernity: A History of the Reform Movement in Judaism* (Detroit, USA: Wayne State University Press, 1995), s. 226.

210 ibid. s. 227.

211 *Reform Judaism: A Centenary Perspective, Adopted in San Francisco – 1976* (27 okt. 2004), url: http://ccarnet.org/rabbis-speak/platforms/reform-judaism-centenary-perspective/

212 ibid.

213 Rav Yehuda Leib HaLevi Ashlag (Baal HaSulam), *Kitvei Baal HaSulam* (Baal HaSulams skrifter), "Introduktion till boken Zohar" (Ashlag Research Institute, Israel, 2009), ss.450-453.

214 ibid.

215 ibid.

216 ibid.

217 Rav Yehuda Leib HaLevi Ashlag (Baal HaSulam), *Kitvei Baal HaSulam* (Baal HaSulams skrifter), " Nationen" (Ashlag Research Institute, Israel, 2009), s. 489.

218 ibid.

219 Rav Yehuda Leib HaLevi Ashlag, *Shamati* (Jag hörde), essä nr. 144, "Det finns ett visst folk" (Kanada, Laitman Kabbalah Publishers, 2009), i engelska utgåvan s. 300.

220 Adolf Hitler, *Mein Kampf* (The Noontide Press: Books On-Line), s. 219, url: www.angelfire.com/folk/bigbaldbob88/MeinKampf.pdf

221 "Roger Federer: 2016 Games possible", *Associated Press*, 26 juli 2012, url: http://espn.go.com/olympics/summer/2012/tennis/story/_/id/8202865/roger-federer-leaning-competing-rio-2016-body-holds-up

[222] *School for Culture Education, Be'eri Program*, Shalom Hartman Institute, 26 juni 2011. url: http://medaon.org/files/zehutariel.pdf.

[223] *Pirkey de-Rabbi Eliezer* (Rabbi Eliezers kapitel), kapitel 24.

[224] Midrash Rabah, *Beresheet* (Första Mosebok), *parasha* 39, paragraf nr. 3.

[225] Rabbi Behayei Ben Asher Iben Haluah, *Rabeinu* (vår Rav) *Behayei, Beresheet* (1 Mos) 15:6.

[226] Associated Press, "Recession will likely be longest in postwar era", *MSNBC* (mars 2009), http://www.msnbc.msn.com/id/29582828/wid/1/page/2/

[227] Clive Thompson, "Are Your Friends Making You Fat?", *The New York Times* (10 september 10 2009), http://www.nytimes.com/2009/09/13/magazine/13contagion-t.html?_r=1&th&emc=th

[228] ibid.

[229] ibid.

[230] ibid.

[231] "Nicholas Christakis: The hidden influence of social networks" (a televised talk, quote taken from minute 17:11), *TED 2010*, http://www.ted.com/talks/nicholas_christakis_the_hidden_influence_of_social_netw orks.html

[232] Anthony Giddens, *Runaway World: How Globalization Is Reshaping Our Lives* (N.Y., Routledge, 2003), ss. 6-7.

[233] Dr. Leandro Herrero, *Homo Imitans: The Art of Social Infection: Viral Change in Action* (UK: Meetingminds Publishing, 2011), s. 4.

[234] ibid.

[235] Pascal Lamy, "Lamy underlines need for 'unity in our global diversity,'" *World Trade Organization* (WTO) (14 juni 2011), http://www.wto.org/english/news_e/sppl_e/sppl194_e.htm

[236] Christian Jarrett, dr, "Mirror Neurons: The Most Hyped Concept in Neuroscience?" *Psychology Today* (10 december 2012), url: http://www.psychologytoday.com/blog/brain-myths/201212/mirror-neurons-the-most-hyped-concept-in-neuroscience

[237] ibid.

[238] Nicholas A. Christakis, James H. Fowler, *Connected: The Surprising Power of Our Social Networks and How They Shape Our Lives -- How Your Friends' Friends' Friends Affect Every-thing You Feel, Think, and Do* (USA, Little, Brown and Company, januari 2011), s.305.

[239] Maimonides, *Yad HaChazakah* (Den mäktiga handen), del 1, "Boken om vetenskap", kapitel 1, punkt 3.

[240] Rav Yehuda Leib HaLevi Ashlag (Baal HaSulam), *Kitvei Baal HaSulam* (Baal HaSulams skrifter), "Friheten" (Israel: Ashlag Research Institute, 2009), s. 414.

241 "Evolution Can Occur in Less Than Ten Years", *Science Daily* (15 juni 2009), http://www.sciencedaily.com/releases/2009/06/090610185526.htm

242 John Cloud, "Why Your DNA Isn't Your Destiny", *Time Magazine* (06 januari 2010), url: http://www.time.com/time/magazine/article/0,9171,1952313,00.html.

243 ibid.

244 Rav Yehuda Leib HaLevi Ashlag (Baal HaSulam), *Kitvei Baal HaSulam* (Baal HaSulams skrifter), "Friheten", i den hebreiska utgåvan s.419.

245 ibid.

246 ibid.

247 ibid.

248 ibid.

249 Citat ur filmen *Crossroads: Labor Pains of a New Worldview*, av Joseph Ohayon, publicerades 31 december 2012 på Youtube, url: https://www.youtube.com/watch?v=5n1p9P5ee3c, 2:53 min. in i filmen.

250 Thomas J. Murray, Ed.D., "What is the Integral in Integral Education? From Progressive Pedagogy to Integral Pedagogy", *Integral Review* (juni 2009), Vol. 5, No. 1, s. 96.

251 http://en.wikipedia.org/wiki/Integral_education.

252 http://www.merriam-webster.com/dictionary/homeostasis

253 T. Irene Sanders och dr Judith McCabe, *The Use of Complexity Science: a Survey of Federal Departments and Agencies, Private Foundations, Universities, and Independent Education and Research Centers*, oktober 2003, Washington Center for Complexity & Public Policy, Washington, DC. url: www.hcs.ucla.edu/DoEreport.pdf

254 Rav Yehuda Leib HaLevi Ashlag (Baal HaSulam), *Kitvei Baal HaSulam* (Baal HaSulams skrifter), s.44.

255 Jon R Katzenbach & Douglas K Smith, *The Wisdom of Teams: Creating the High-Performance Organization* (USA: Harvard Business School Press, januari 1992), ss. 37-38.

256 U.S. Department of Education, "Media Guide—Helping Your Child Through Early Adolescence", http://www2.ed.gov/parents/academic/help/adolescence/index.html

257 University of Michigan Health System, "Television and Children", http://www.med.umich.edu/yourchild/topics/tv.htm

258 ibid.

259 Barbara M. Newman och Philip R. Newman, *Development Through Life: A Psychosocial Approach* (Belmont, CA: Wadsworth Cengage Learning, 2008), s. 250.

260 Elliot Aronson, *The Social Animal*, ss. 153-54, citerad i: Alfie Kohn, *No Contest: The Case Against Competition* (NY: Houghton Mifflin Company, 1986), 2.

261 Jeffrey Norris, "Yamanaka's Nobel Prize Highlights Value of Training and Collaboration", UCSF News Section (11 oktober 2012), url:

http://www.ucsf.edu/news/2012/10/12949/yamanakas-nobel-prize-highlights-value-training-and-collaboration

262 ibid.

263 David W. Johnson och Roger T. Johnson, "An Educational Psychology Success Story: Social Interdependence Theory and Cooperative Learning", *Educational Researcher* 38 (2009): s. 365, doi: 10.3102/0013189X09339057.

264 ibid., s. 368

265 Det finns gott om böcker om narcissism i det amerikanska samhället. Goda exempel är: Jean M. Twenge och W. Keith Campbell, *The Narcissism Epidemic: Living in the Age of Entitlement* (New York: Free Press, A Division of Simon & Schuster, Inc. 2009), och Christopher Lasch, *The Culture of Narcissism: American Life in an Age of Diminishing Expectations* (USA: Norton & Company, maj 1991).

266 ibid.

267 ibid.

268 Johnson och Johnson, "Educational Psychology Success Story", s. 371

269 ibid.

270 Midrash Rabah, *Beresheet* (Första Mosebok), avsnitt 38, paragraf 6.

271 Rabbi Nathan Sternhertz, *Likutey Halachot* (*Utvalda regler*), "Rules of *Tfilat Arvit* (Kvällsbönen)", regel nr. 4.

272 Rav Yehuda Leib HaLevi Ashlag (Baal HaSulam), *Kitvei Baal HaSulam* (Baal HaSulams skrifter), "*Arvut* (Ömsesidig garanti)", punkt 28 (Ashlag Research Institute, Israel, 2009), i den hebreiska utgåvan s. 393.

Kontaktinformation

Internet:

www.kabbalah.info/se

Kabbalah TV:

www.kab.tv/eng

Böcker:

webshop.kabbalakurser.info (sv) www.kabbalahbooks.info (övriga)

Studiecenter:

eu.kabbalah.info

E-mail:

sweden@kabbalah.info

info@kabbalah.info

Bnei Baruch Association

PO BOX 3228

Petach Tikva 49513

Israel

Kabbalah Books

1057 Steeles Avenue West, Suite 532

Toronto, ON, M2R 3X1

Kanada

E-mail: info@kabbalahbooks.info

Webbsida: www.kabbalahbooks.info

USA och Kanada:

Tel: 00 1 416 274 7287

Fax: 00 1 905 886 9697